CONVITE À REFLEXÃO

O CONCEITO
DE SOBERANIA
NA FILOSOFIA
MODERNA

O conceito de SOBERANIA na FILOSOFIA MODERNA

Alberto Ribeiro
Gonçalves de Barros

discurso editorial

O CONCEITO DE SOBERANIA NA FILOSOFIA MODERNA
© Almedina, 2019
Publicado em coedição com a Discurso Editorial
AUTOR: Alberto Ribeiro Gonçalves de Barros
COORDENAÇÃO EDITORIAL: Milton Meira do Nascimento
EDITOR DE AQUISIÇÃO: Marco Pace
PROJETO GRÁFICO: Marcelo Girard
REVISÃO: Roberto Alves
DIAGRAMAÇÃO: IMG3
ISBN: 9788562938146

Dados Internacionais de Catalogação na Publicação (CIP)
(Câmara Brasileira do Livro, SP, Brasil)

Barros, Alberto Ribeiro Gonçalves de
O conceito de soberania na filosofia moderna /
Alberto Ribeiro Gonçalves de Barros. -- São Paulo :
Almedina, 2019.
Bibliografia.
ISBN 978-85-62938-14-6
1. Direito - Filosofia 2. Política 3. Soberania
I. Título.

19-27639   CDU-342.31

Índices para catálogo sistemático:

1. Soberania : Aspectos políticos : Direito 342.31

Cibele Maria Dias - Bibliotecária - CRB-8/9427

Este livro segue as regras do novo Acordo Ortográfico da Língua Portuguesa (1990).

Todos os direitos reservados. Nenhuma parte deste livro, protegido por
copyright, pode ser reproduzida, armazenada ou transmitida de alguma forma
ou por algum meio, seja eletrônico ou mecânico, inclusive fotocópia, gravação
ou qualquer sistema de armazenagem de informações, sem a permissão expressa
e por escrito da editora.

Agosto, 2019

EDITORA: Almedina Brasil
Rua José Maria Lisboa, 860, Conj.131 e 132
Jardim Paulista | 01423-001 São Paulo | Brasil
editora@almedina.com.br
www.almedina.com.br

Índice

Introdução   11

1. A construção da noção de soberania   15

2. A teoria da soberania de Jean Bodin   15

3. A soberania em Thomas Hobbes   37

4. A soberania popular em Jean-Jacques Rousseau   73

Conclusão   123

Referências bibliográficas   131

A Simone

Introdução

O CONCEITO DE SOBERANIA foi empregado pelos filósofos modernos para designar o supremo poder de comando numa sociedade política. Ele sintetizava a ideia de que era necessária a existência de uma instância última de decisão a qual todos os membros da sociedade política estivessem submetidos. Atendia à exigência teórica de uma autoridade legal, livre de qualquer intervenção, que fosse capaz de impor normas de maneira exclusiva e de acordo com sua vontade.

De fato, no final do período medieval, essa noção foi decisiva para o processo de centralização administrativa e judiciária, de concentração do poder político e militar de alguns monarcas que rejeitavam a dependência externa de outros agentes, como o papa ou o imperador, e reivindicavam a supremacia política em seus reinos. Ela ofereceu também condições para que o poder desses monarcas fosse se tornando verdadeiramente público, distinto de seu patrimônio e de sua pessoa.

No decorrer da modernidade, ao fornecer uma justificativa para o monopólio da produção jurídica e

O CONCEITO DE SOBERANIA NA FILOSOFIA MODERNA

para o uso da força sobre um determinado território e população, o conceito de soberania foi utilizado tanto para definir o poder estatal e nacional quanto para diferenciar o Estado de outras formas de associação e afirmar a sua independência em relação às potências estrangeiras. Ele tornou-se assim um dos temas centrais do discurso legal e uma referência obrigatória nas teorias políticas, uma noção organizadora a partir da qual foram tratadas as principais questões do pensamento político moderno.

Nas últimas décadas, no entanto, o seu uso tem sido frequentemente contestado. Alguns autores alegam que as diversas acepções dadas ao termo soberania – o conjunto de direitos necessários ao exercício do poder político; a ordem legal suprema responsável por evitar o conflito de normas num mesmo território; o poder coercitivo supremo responsável pela manutenção da ordem social por meio do uso da força; a habilidade em determinar intencionalmente a conduta dos agentes sociais na direção pretendida etc. – resultaram numa tal imprecisão que tornou sua utilização impraticável.

Outros autores argumentam que o conceito de soberania não se ajusta mais às teorias que têm dominado o debate político contemporâneo. As teorias constitucionalistas, por exemplo, baseadas na separação dos poderes e no seu equilíbrio por meio de um sistema de pesos e contrapesos, contrariam a noção de concentração e supremacia do poder numa única instância. Já as teorias pluralistas, ao reconhecer a existência de

INTRODUÇÃO

uma pluralidade de autoridades em competição ou em conflito, contestam os princípios da unidade de comando e do monopólio de decisões autônomas.

Mas os ataques mais intensos vêm daqueles que denunciam a sua inadequação ao mundo contemporâneo. A interdependência econômica, jurídica e cultural em que se encontram os Estados nacionais, fenômeno que tem sido chamado de mundialização ou globalização, teria tornado o seu uso, no mínimo, anacrônico. Eles apontam diversos fatores – a interligação crescente dos mercados financeiros, que possibilita uma intensa transferência de fluxos de capitais e coloca em xeque a capacidade estatal de controlar políticas cambiais e fiscais; a atuação de empresas transnacionais, detentoras de um poder de decisão que não está submetido ao poder estatal, e cujos interesses fixam muitas vezes os rumos de políticas públicas; a ação de organizações internacionais que afeta diretamente as decisões dos Estados; a intervenção de autoridades supranacionais nos campos militar, jurídico e econômico; entre outros – que impedem os Estados nacionais de exercer competências que até então eram definidas como pertencentes a sua soberania.

Antes, porém, de decretar o fim deste conceito e jogá-lo na vala da história, é importante rever sua constituição, sua formulação original e sua função nas teorias do Estado moderno. Tal investigação talvez possa nos auxiliar a avaliar melhor a possibilidade de sua manutenção no debate político contemporâneo.

1. A construção da noção de soberania

EMBORA A SOBERANIA seja um conceito moderno, muitos historiadores têm investigado o seu desenvolvimento no decorrer do período medieval. Não se trata aqui de examinar exaustivamente a sua formação, mas de reconhecer que este conceito foi elaborado, lentamente, em séculos de conflitos armados e de complexas disputas legais, graças ao intenso debate a respeito da natureza e finalidade do poder público.

Uma investigação semântica

O historiador Marcel David sustenta que o conceito moderno de soberania juntou dois atributos do poder político que a doutrina medieval tinha tratado isoladamente por intermédio das noções de autoridade (*auctoritas*) e de poder público (*potestas*). A primeira exprimia a ideia tanto positiva de autoridade suprema quanto negativa de recusa de qualquer intervenção que representasse dependência de outro agente. Ela era normalmente associada ao agente que podia impor as diretrizes para a comunidade, em razão de sua posição de preeminência no quadro social. Já a segunda noção designava a potência pública de comandar e executar as tarefas necessárias à manutenção da comunidade política. Ela era geralmente atribuída ao agente que assumia a responsabilidade pelas atividades administrativas, judiciárias, fiscais e militares da comunidade política.

Segundo David, esses dois atributos estavam concentrados, na Antiguidade, na pessoa do imperador romano. Mas com a derrocada do Império, eles passaram a ser exercidos separadamente por diferentes agentes: papas, reis, príncipes etc. Só a partir do século XIII eles voltaram a se concentrar na pessoa de alguns monarcas que reivindicavam não apenas o exercício da *potestas* mas também o reconhecimento de sua *auctoritas,* nos limites territoriais de seus reinos. O caso mais nítido teria sido o do monarca francês. Além de consolidar sua supremacia como principal responsável pelas atividades administrativas, judiciárias, fiscais e militares, num território profundamente marcado pela estrutura de poder feudal, o rei francês procurou ainda se opor à ingerência externa, principalmente daqueles que reivindicavam um poder universal sobre a cristandade: o imperador e o papa. Os juristas franceses teriam então reunido os significados de *auctoritas* e de *potestas*, transferindo-os para o termo soberania (*souveraineté*).

Essa passagem é identificada por David em dois momentos. O primeiro, no final do século XIII, quando os juristas franceses, preocupados em garantir para o seu rei tanto a igualdade frente ao imperador e ao papa quanto a supremacia sobre os demais senhores do reino, utilizaram o termo soberano (*souverain*), para marcar a primazia interna e a independência externa de seu monarca. O segundo momento, a partir da metade do século XIV, quando soberania começou a ser utilizada num sentido equivalente a superior (*superioritas*), para diferenciar a autoridade real das demais autoridades do reino.

No entanto, o termo soberano não designava ainda uma posição exclusiva do rei, sendo empregado principalmente para marcar um lugar de preeminência no interior de um sistema hierárquico bem definido. Os textos da época afirmavam, por exemplo, que os barões eram soberanos em suas baronias, do mesmo modo que o rei era soberano em seu reino. Assim, o termo era utilizado tanto num sentido absoluto, para designar a supremacia de um agente político, quanto num sentido relativo, para indicar a relação entre esses agentes. A palavra soberania, por sua vez, era empregada para indicar a jurisdição sobre um determinado território, podendo ser atribuída ao mesmo tempo a diversos agentes concorrentes: papa, imperador, reis etc.

O CONCEITO DE SOBERANIA NA FILOSOFIA MODERNA

O principal problema de uma análise semântica como a proposta, além do risco de anacronismo, ao atribuir correspondentes modernos para conceitos medievais, é a pressuposição de que os autores medievais atribuíam significados precisos para os termos utilizados, o que tem sido frequentemente contestado. Sem descartá-la totalmente, pode-se recorrer a outros procedimentos. Talvez o mais apropriado para observar o desenvolvimento da noção de soberania, no período medieval, seja o da análise dos confrontos que envolveram o papa, o imperador germânico e alguns monarcas, principalmente a partir do século XI, pela supremacia política sobre um determinado território. Embates que quase nunca eram explicitados como conflitos de poder, mas de direito, uma vez que se expressavam frequentemente como contendas legais em torno da jurisdição sobre este território.

É bom lembrar que o termo jurisdição (*jurisdictio*) designava o poder de fixar em última instância o que era justo, de determinar o que cabia a cada um numa comunidade política. Em termos práticos, saber quem detinha a jurisdição significava saber quem podia impor normas, sem ser contestado, julgar e punir delitos civis ou violações de normas religiosas, taxar e recolher tributos, enfim, quem era o legítimo governante, uma vez que o governo era essencialmente o exercício da jurisdição.

A reivindicação papal

De um lado, o papa reivindicava a suprema jurisdição sobre toda cristandade, baseado na doutrina da plenitude de poder (*plenitudo potestatis*). Tal doutrina desenvolveu-se inicialmente no âmbito eclesiástico, quando o bispo de Roma conseguiu consolidar seu primado sobre os demais patriarcas, por volta da metade do século V, assumindo a função de sumo pontífice dos cristãos. O papa Leão I (440-61), por exemplo, argumentava que Jesus havia escolhido a forma apropriada para o governo de sua Igreja, quando escolheu Pedro para ser o seu alicerce, dando-lhe as chaves do reino[1]. Por ser o legítimo sucessor de Pedro, o papa reivindicava esse poder das chaves, ou seja, a plenitude de poder sobre os cristãos. Para exercer a função de representante de Deus na terra, ele exigia o direito de organizar materialmente a Igreja, de promulgar prescrições para o clero e de estabelecer certas normas de conduta religiosa e moral para todos fiéis.

Em seguida, o papa Gelásio I (492-96) ampliou o âmbito de ação da Sé Romana, ao reivindicar a supremacia também nos assuntos civis. Embora reconhecesse as diferenças de âmbito dos poderes secular e eclesiástico, defendia a superioridade de seu ofício em razão do caráter sagrado de sua missão em conduzir a humanidade nos caminhos da salvação, que incluía a orientação das decisões dos governantes temporais.

A reivindicação papal chocava-se com as pretensões do imperador bizantino, para quem os seus súditos tinham-se convertido ao cristianismo, passando a ser também de sua responsabilidade as questões eclesiásticas. Além de sua competência em matérias de taxação, organização e comando militar, o imperador defendia o direito de se pronunciar sobre doutrina religiosa e de cuidar da organização da Igreja. Os seus juristas adaptaram para uma linguagem cristã a antiga imagem pagã do imperador como senhor do mundo (*dominus mundi*), resultando na concepção de que o imperador era o autêntico e único vigário de Cristo na terra, o monarca universal no qual estavam reunidas as funções de rei e sacerdote.

Esse debate logo perdeu sua força, por causa da decadência do Império Bizantino, readquirindo novo impulso somente a partir do século XI, com a instituição do Sacro Império Germânico. Depois de ter recebido a coroa imperial do papa João XII, em 962, com a promessa de protegê-lo e de defender a cristandade dos ataques dos infiéis, o monarca germânico Oto I iniciou um processo de expansão territorial, principalmente na Itália, que o colocou num inevitável confronto com a Sé Romana. Os seus sucessores passaram a se intitular protetores da sociedade cristã, exigindo que o papa prestasse um juramento de fidelidade e assumisse a condição de vassalo do Império. Para os novos imperadores germânicos, estava entre seus direitos

A CONSTRUÇÃO DA NOÇÃO DE SOBERANIA

investir arcebispos, bispos e abades em funções civis e eclesiásticas.

Apoiado numa reforma eclesiástica, o papa Gregório VII (1073-85) questionou o direito do imperador germânico de nomear o alto clero, alegando que ele estava sendo utilizado como instrumento de controle sobre a Igreja. O imperador Henrique IV (1053-1106) respondeu que o clero, no desempenho de suas funções, usufruía direitos cuja concessão dependia de sua autoridade. Iniciou-se então uma fervorosa disputa, que ficou conhecida como querela das investiduras, que só terminou em 1122 com a assinatura da Concordata de Worms, na qual ficou estabelecido que os bispos seriam escolhidos pelo papa e o imperador teria o direito de decidir as eleições que fossem contestadas.

A principal consequência dessa disputa foi o fortalecimento da pretensão papal da plenitude de poder sobre a cristandade. Para Gregório VII, havia uma clara identidade entre a Igreja e a sociedade humana, que formavam um único corpo político, cujo elemento unificador era a fé em Cristo. Nessa república cristã, o papa reconhecia duas ordens: a laica, responsável pelas tarefas materiais; e a sacerdotal, responsável pela propagação da palavra divina, pelos sacramentos e pela orientação das almas. Embora defendesse que cada uma delas tinha de desempenhar suas funções, a fim de manter a concórdia e a paz, ele argumentava que era necessário respeitar a vontade divina que havia colocado a ordem sacerdotal hierarquicamente acima da laica.

O papa Inocêncio III (1198-1216) insistiu na tese da primazia de seu poder sobre o do imperador. A principal prova de sua superioridade estava no fato de ele ungir, sagrar e coroar o imperador, tendo o direito de examinar as qualidades morais do escolhido para a função imperial e de confirmá-lo no cargo. Ele reivindicava então o direito de interferir, em circunstâncias excepcionais, em questões civis, quando elas se relacionassem com a salvação das almas. A sua suprema jurisdição baseava-se na necessidade de uma monarquia universal, considerada por ele mais adequada ao gênero humano.

O problema estava em sustentar que o papa era o legítimo monarca universal, quando a compilação de Justiniano, base da jurisprudência medieval, apresentava o imperador como senhor do mundo. A saída encontrada pelo papa Inocêncio IV (1243-1254) foi a total identificação da comunidade cristã com o Império e a atribuição ao papa do título de verdadeiro imperador, o autêntico vigário de Deus na terra, o único agente capaz de interpretar a vontade divina.

A doutrina da plenitude de poder assegurava ao papa a jurisdição suprema sobre a cristandade. Por ter recebido a plenitude dos poderes espiritual e temporal, a sua autoridade era plena e sem limites, podendo inclusive revogar costumes e leis civis, pois

A CONSTRUÇÃO DA NOÇÃO DE SOBERANIA

o papa era a fonte exclusiva de toda autoridade legislativa. Sendo o único juiz competente para atribuir a ilegalidade a um ato, no pleno exercício de seu poder, o papa podia julgar a todos e não ser julgado ou sofrer restrição legal por parte de uma outra autoridade humana.

Um bom exemplo da defesa da doutrina da plenitude de poder é o texto de Egídio Romano, *Sobre o poder eclesiástico* (1301), em que procura mostrar a supremacia da autoridade eclesiástica sobre a civil. Sua tese da superioridade do poder papal pode ser sintetizada em quatro argumentos: o governante civil estava obrigado a pagar dízimos à autoridade espiritual e todo tributo não deixava de ser um reconhecimento de submissão; a dignidade sacerdotal sagrava e abençoava o governante civil e quem recebia a benção devia ser considerado inferior; o governante civil havia sido instituído pelo sacerdócio e quem institui deve ser superior ao instituído; no governo do universo, toda substância corporal era governada pelo espiritual e, se o papa governava as coisas do espírito, ele estava necessariamente acima do governante civil.

A supremacia papal está assegurada pela herança apostólica de ministrar os sacramentos, única maneira de transmitir a graça divina. Se a fonte de legitimidade de todo poder está na graça divina, cuja mediadora é a Igreja, a autoridade suprema reside no seu sumo pontífice. Assim o papa é o legítimo detentor das duas espadas: a espiritual para uso e a temporal quando necessário; se o papa não a utiliza diretamente, deixando-a ao encargo do governante civil, é apenas para não ter um excesso de funções. Detentor da suprema jurisdição, o papa pode julgar a todos e só pode ser julgado por Deus.

A autonomia do poder civil

A doutrina papal da plenitude de poder, na qual alguns historiadores veem a origem do conceito moderno de soberania, foi intensamente combatida pelos defensores da autonomia do poder imperial. A partir dos argumentos extraídos dos comentários da compilação justiniana e dos textos políticos de Aristóteles, que haviam sido recuperados nas últimas décadas, eles defenderam a independência do imperador frente à Igreja.

Dante Alighieri, no livro III da *Monarquia* (1313), sustenta que o poder imperial provém diretamente de Deus, sem intermediários. Para provar que a autoridade do Império não depende da Igreja, ele contesta os principais argumentos eclesiásticos e nega a pretensão papal de ser o representante divino. Sua tese pode ser sintetizada em quatro argumentos: o único ser ao qual todos os seres estão submetidos é Deus; a Igreja não é causa da autoridade do Império, porque este já exercia seu pleno poder antes dela existir; a Igreja não recebeu de Deus nem de si mesma nem de outro imperador ou do consentimento de todos os homens poder para conceder autoridade ao Império; a faculdade de instituir a autoridade para as coisas temporais é contrária à natureza da Igreja, que não pode ter essa faculdade.

A sua intenção é afirmar a independência das duas ordens, fundadas na dupla finalidade da vida humana que requer diferentes meios para alcançar a felicidade: na vida presente, pela prática das virtudes morais e intelectuais, e na vida eterna, com o auxílio da graça divina. Apoiado nas Sagradas Escrituras e na autoridade dos filósofos antigos, Dante sustenta que a dupla natureza do homem necessita de dois poderes autônomos, com suprema autoridade em sua esfera de ação: o poder civil e o poder espiritual.

Marsílio de Pádua, em *O Defensor da Paz* (1324), ataca também a doutrina papal, considerando-a responsável pela intranquilidade política da Itália e pela discórdia em todos os demais reinos. Para revelar a sua falsidade, Marsílio se propõe a esclarecer a natureza e os limites do poder papal tanto na sociedade civil quanto no interior da Igreja.

A partir de uma pretensa investigação histórica, procura mostrar como os pontífices romanos ampliaram ilicitamente seus poderes, primeiro no âmbito eclesiástico, e depois no civil. Há, como em Dante, a mesma intenção de identificar e diferenciar as funções do governante e do sacerdote, para que elas não se confundam numa comunidade política formada por cristãos, destinados à dupla felicidade, terrena e eterna.

Seguindo a tradição aristotélica, Marsílio considera que o objetivo último da comunidade política é a boa vida; e esta só pode ser alcançada com a paz, que depende da existência da harmonia social. Esta harmonia só se instaura com a adequada disposição das partes da comunidade. Ela se efetiva quando os grupos sociais executam as tarefas que lhes competem, de acordo com a finalidade para a qual foram instituídos e depois transmitem o resultado de suas ações entre eles.

A finalidade do sacerdócio para Marsílio não é o governo das coisas terrenas. Por ter origem divina, o âmbito de sua autoridade é especificado pela vontade de Deus, revelada nas Sagradas Escrituras. Para identificá-lo, basta verificar os poderes que Cristo atribuiu a seus apóstolos, que foram basicamente os poderes de ensinar a lei divina e de ministrar os sacramentos da Eucaristia, da Ordem, do Batismo e da Penitência. Nenhum deles tem caráter coercitivo na sociedade civil, o que tornava completamente ilegítima a reivindicação papal da jurisdição suprema sobre os cristãos.

Já o governante civil é considerado por Marsílio a causa de todos os benefícios, consequentemente, da tranquilidade da cidade, uma vez que é o responsável pela existência e pela ordenação dos grupos sociais, dispondo-os de uma maneira que eles possam cumprir com sua finalidade. O seu âmbito de ação deve ser estabelecido, não pela vontade papal, mas pela lei humana. O justo entre os homens não será assim determinado nem pelo direito divino, que não tem eficácia no plano social, pois sua sanção é supraterrena e seus preceitos atuam no íntimo da consciência de cada um, nem pelo direito natural, que não tem utilidade na comunidade política, pois estabelece normas vagas e imprecisas. A justiça só poderá ser encontrada no direito produzido pela vontade dos homens em organizar sua vida social.

A autoridade para estabelecer as leis civis compete, segundo Marsílio, não ao papa, mas ao conjunto dos cidadãos ou a sua parte preponderante. Isto por várias razões: primeiro, porque é o agente mais qualificado para identificar o bem comum e para descobrir a verdadeira justiça que a lei deve trazer; depois, porque a lei passa a ter uma garantia maior de ser cumprida, já que é instituída pelos que vão se submeter a ela; e, finalmente, porque ela dispõe de força coercitiva, autorizada pelos cidadãos, para ser empregada contra seus transgressores. Portanto, o conjunto dos cidadãos dever ser o legislador, aquele que detém o poder supremo numa comunidade política.

Se ao legislador compete o poder de fazer a lei e, consequentemente, o poder de anulá-la, mudá-la e interpretá-la, ao governante cabe a responsabilidade de executá-la. O poder executivo não é autônomo, uma vez que é regulado pela lei. Ele é um instrumento do legislador. A sua competência é sempre delegada e controlada pelo legislador.

Em *Brevilóquio sobre o principado tirânico* (1340), Guilherme de Ockham também pretende provar que a doutrina papal é falsa, herética, perigosa e contrária à liberdade evangélica. Ele defende a competência dos teólogos e dos juristas na investigação sobre o poder papal, uma vez que todo poder estaria fundado no direito divino, expresso nas Sagradas Escrituras, ou no direito humano, expresso nos textos jurídicos.

Como teólogo, Ockham analisa as passagens evangélicas utilizadas para sustentar a supremacia papal e conclui que elas, quando interpretadas literalmente, demonstram que o papa não possui a referida plenitude de poder nem nas coisas temporais nem nas espirituais: o papa não recebeu o poder supremo de Cristo, porque ele próprio, enquanto homem mortal, não a teve; e mesmo se o tivesse recebido, não poderia exercê-lo, porque o vigário não pode ser comparado ao Senhor nem em sabedoria, nem em bondade, muito menos em poder. Além disso, argumenta Ockham, como um pai não tem a plenitude de poder sobre os filhos, pois se tivesse seu poder seria tirânico e a condição dos filhos seria a de servos; como um príncipe secular não possui a plenitude de poder sobre os súditos, pois se possuísse seu principado seria tirânico e os súditos não passariam de servos; assim também o papa não pode ter a plenitude de poder reivindicada, se não deseja escravizar os cristãos e tornar-se um tirano.

Do ponto de vista jurídico, tendo como pano de fundo a polêmica entre o Papado e a Ordem Franciscana sobre a pobreza de Cristo e dos apóstolos, Ockham procura provar que só há legítima propriedade e, consequentemente, verdadeiro domínio e jurisdição fora da Igreja. O seu argumento é que o domínio e a jurisdição só podem ser introduzidos ou por direito divino – e Deus concedeu o poder de se apropriar das coisas e instituir jurisdição ao gênero humano, isto é, tanto aos fiéis quanto aos infiéis – ou por direito humano – e o poder de instituir leis, que estabelecem o domínio e a jurisdição temporal, esteve no princípio no povo, que depois o transferiu aos seus governantes. Em nenhum caso, a jurisdição seria de competência exclusiva da Igreja. Assim, conclui Ockham, o governo civil não provém da Igreja, pois já existia de maneira legítima entre os infiéis e até mesmo a precedeu; consequentemente, o poder do imperador é legítimo e independente da autoridade papal.

Nessa literatura gerada em defesa da autonomia do poder do imperador frente ao papa, alguns historiadores reconhecem o desenvolvimento da noção de soberania, pois os argumentos mobilizados por esses autores medievais prenunciam as principais características apontadas pelos modernos do poder soberano.

A independência dos novos monarcas

Com o mesmo objetivo de combater a doutrina papal da plenitude de poder, mas com um vocabulário mais adequado aos interesses da realeza francesa, João Quidort, em *Sobre o poder régio e papal* (1302), pretende esclarecer a natureza dos dois poderes e os limites de cada um. A sua intenção é demonstrar que o poder real não está submetido ao papal nas questões temporais.

Contra as teses eclesiásticas, afirma que o poder espiritual não antecede, no tempo, ao poder temporal; e se tem maior dignidade, não é superior em todas as coisas, mas apenas naquelas em que Deus o colocou, a saber, nas coisas espirituais. Prova disso, argumenta Quidort, é que Jesus não desejou ter jurisdição sobre os bens materiais; e mesmo se tivesse tido essa jurisdição, não a transmitiu a Pedro. O papa não era nem mesmo detentor dos bens eclesiásticos, porque a propriedade da Igreja, ao contrário da propriedade dos leigos, era comunitária: os bens eclesiásticos pertencem à Igreja e não a indivíduos determinados, o que fazia do papa um administrador, sem ter o direito de usar esses bens conforme sua vontade.

O papa não teria assim o direito de intervir na vida civil nem de impor obrigações materiais aos indivíduos e muito menos de reclamar jurisdição sobre os bens dos leigos, porque seu poder é de outra ordem. O poder papal, segundo Quidort, limita-se a ministrar os sacramentos e ensinar a religião, a fim de se alcançar a felicidade eterna.

Dentro da perspectiva aristotélico-tomista, segundo a qual o homem é um animal social e político por natureza, Quidort sustenta que a comunidade política tem fins próprios, ditados pela lei natural, que foi instituída por Deus. Ao lado de um fim sobrenatural, que é a vida eterna, há um bem material a ser adquirido naturalmente, quando se vive segundo a virtude. O governo civil visa este objetivo, respondendo a uma necessidade natural de unificar interesses privados na direção do bem comum.

Há, para Quidort, uma nítida separação entre o poder temporal e o espiritual: o primeiro está ligado à ordem natural e o segundo à graça. Não há qualquer relação de causalidade entre os dois, que são distintos e independentes: o poder papal não pode ser assim considerado a causa do poder real, uma vez que ambos retiram seu fundamento diretamente de Deus.

Quidort, como outros legistas reais, não nega apenas a pretensa superioridade papal, mas rejeita também o ideal de uma monarquia universal. Ele apresenta uma série de argumentos contrários ao governo universal: a diversidade das condições geográficas e diferenças raciais conduzem necessariamente à existência de vários reinos; a dificuldade prática de exercer o poder coercitivo sobre toda a humanidade; os bens temporais dos leigos, por pertencerem a cada um em razão de seu trabalho, não necessitam de um administrador comum; os fiéis, embora partilhem de uma mesma fé, não precisam conviver numa única comunidade política. Conclui que, se não há determinação divina, a razão humana também não conduz os homens a viver sob um governo universal, mas sob governos específicos para cada povo.

O texto de Quidort refletia uma preocupação comum entre os monarcas que procuravam negar qualquer tipo de interferência externa nos assuntos do reino. Para consolidar seu poder, além de se impor aos grandes senhores territoriais, às cidades livres e às poderosas corporações, eles tinham de negar, no âmbito externo, tanto a reivindicação papal quanto a pretensão imperial de ter jurisdição sobre seus reinos. Não podiam aceitar a condição de súditos ou de vassalos nem do imperador nem do papa. Além de procurar se afirmar pela força de seus exércitos, eles pretendiam também ser reconhecidos como legítimos detentores da suprema jurisdição sobre seus territórios.

Na verdade, o processo de afirmação dos monarcas nacionais em relação ao Papado e ao Império deu-se na esteira dos conflitos pela supremacia política, na cristandade. Os legistas reais, quando tinham de responder às pretensões imperiais, utilizaram as bulas papais que afirmavam a equivalência entre a posição do imperador e a dos reis; e quando precisavam contestar a interferência papal, recorriam aos textos dos civilistas, que forneciam vários argumentos contrários às intenções do sumo pontífice.

O conflito com o Império foi menos árduo, uma vez que o imperador representava, no final do período medieval, muito mais uma referência teórica do que uma força política propriamente relevante. Mas, de qualquer modo, os legistas reais tinham de afirmar a independência de seus monarcas, mostrando que eles dispunham, nos limites territoriais de seus reinos, das mesmas prerrogativas do imperador.

Ao transportar os direitos atribuídos ao imperador pela compilação justiniana para os monarcas, adaptando-os às características de cada reino, esses legistas consolidaram a noção de um poder público livre e independente, no âmbito externo, e superior a qualquer outra autoridade, no âmbito interno. Nessa literatura alguns historiadores veem a primeira expressão da noção moderna de soberania.

Se, de fato, as disputas em torno da suprema jurisdição sobre um determinado território prepararam o terreno para o surgimento da noção de soberania, faltava ainda uma exposição mais sistemática que explicitasse a natureza e a função desse poder supremo, os seus atributos e o âmbito de sua ação. Esta tarefa foi realizada pelo jurista francês Jean Bodin.

Nota

1. "Tu és Pedro, e sobre esta pedra edificarei a minha Igreja, e as portas do Inferno nunca prevalecerão contra ela. Eu te darei as chaves do Reino dos Céus e o que ligares na terra será ligado nos céus, e o que desligares na terra será desligado nos céus" (Mateus 16, 18-19).

2.

A teoria da soberania de Jean Bodin

JEAN BODIN É CONSIDERADO o primeiro teórico da soberania. Primazia que ele reivindica, não por ter concebido esta noção, mas por tê-la definido com precisão, esclarecido a sua natureza e a sua função. Em sua vasta obra, a noção de soberania encontra-se esboçada no *Método para a fácil compreensão da história* (1566) e plenamente desenvolvida em *Os Seis Livros da República* (1576).

O esboço do conceito de soberania

No terceiro capítulo do *Método*, ao tratar das ações humanas relacionadas à organização da vida social, Bodin reconhece a existência de três normas: a lei moral que o indivíduo aplica a si mesmo; a lei doméstica que é exercida no interior da família; e a lei civil que regula as relações entre as várias famílias. Entre elas, a lei civil aparece como a mais importante, por ser a regra suprema em matéria de prescrição ou proibição.

A lei civil é então dividida em três partes: comando (*imperium*), deliberação (*consilium*) e sanção (*executio*). Dada sua relevância, Bodin se detém sobre o *imperium*, noção romana cuja conotação, ao longo da história, se tornara pouco clara, mas que em geral remetia à ideia do comando numa comunidade política.

No período em que realizou seus estudos acadêmicos, em Toulouse, já havia escrito um tratado intitulado *De imperio*, queimado após sua morte, conforme vontade testamentária. No *Método*, referindo-se à compilação de Justiniano[1], recorda a distinção entre *merum imperium*, que designava o poder supremo de jurisdição criminal, contra o qual não havia apelação, conhecido também como o poder de espada, e *mixtum imperium*, que designava qualquer poder jurisdicional. Bodin recorda ainda o debate medieval sobre a posse do *merum imperium*, em particular a controvérsia entre o jurista Lotário, para quem este poder pertencia exclusivamente ao imperador, e o jurista Azo, para quem os magistrados civis também o possuíam e poderiam utilizá-lo de acordo com seu discernimento. Seguindo o parecer de Lotário, Bodin sustenta que os mais altos magistrados podem exercer o *merum imperium* em razão de seu oficio, mas não o possuem, uma vez que o recebem do detentor do *summum imperium* como uma espécie de comissão.

O *summum imperium*, que designava o supremo

comando numa comunidade política, manifesta-se de inúmeras maneiras, de acordo com Bodin, mas mais especificamente pela posse de quatro prerrogativas exclusivas: nomear os mais altos magistrados e atribuir as suas funções; promulgar e revogar as leis; declarar a guerra e concluir a paz; ter direito de vida e de morte nos casos em que a lei não concede clemência. Essas prerrogativas expressam os atributos essenciais da soberania, que permitem ao seu detentor as condições necessárias para governar a comunidade política.

A noção de soberania é retomada no sexto capítulo do *Método,* dedicado à história das principais Repúblicas, no qual Bodin propõe rever as principais categorias políticas herdadas da antiguidade, principalmente as definições aristotélicas de cidadania, magistratura, autoridade, República etc., a fim de adaptá-las ao seu tempo. Ele denuncia inicialmente a falta de uma clara definição: "Chegamos à definição desse comando supremo em que reside a forma da República e que Aristóteles chamou de poder supremo ou autoridade suprema, os italianos, senhoria, e nós, soberania enquanto os latinos empregaram o termo *summa rerum* e *summum imperium*. Uma vez que este ponto seja esclarecido, muitas questões obscuras e difíceis referentes ao governo serão resolvidas. Entretanto, Aristóteles passou em silêncio sobre ele, seguido pela totalidade dos autores políticos" (cap. VI, p. 351A).

O CONCEITO DE SOBERANIA NA FILOSOFIA MODERNA

Bodin começa a revisão proposta pela definição de República[2], que lhe parece incompleta, pois deixa de lado aquilo que define uma comunidade política, ou seja, a existência de um poder soberano. Ao redefini-la, aponta para a necessidade do reconhecimento de uma autoridade suprema como critério de sua existência: "República é a reunião formada de várias famílias, mesmo se estiverem dispersas em lugares ou residências diversas, desde que permaneçam sob a proteção de uma mesma autoridade, e pouco importa que o poder seja de fato de um só, de todos ou de alguns" (cap. VI, p. 351B).

Se sua definição não parece distanciar-se muito da tradição aristotélica, que concebia a comunidade política como a reunião de grupos sociais mais elementares, é preciso observar que a República só se constitui para Bodin, quando as várias famílias reconhecem a sujeição a uma só e mesma autoridade. A simples união organizada desses grupos, embora necessária, não é suficiente. Não basta ainda haver interesses comuns ou partilhar do mesmo conjunto de leis, como sustentava Cícero. É necessário que todos estejam submetidos ao mesmo comando: "não são, portanto, o comércio, o direito, as leis, a religião das diversas cidades confederadas que permitem considerá-las como uma República, mas sua união sob um mesmo comando" (cap. VI, p. 352B).

Apesar da promessa, Bodin não chega a definir a soberania, limitando-se a acrescentar a prerrogativa de julgar em última instância aos atributos anteriormente enunciados: nomear os mais altos magistrados e atribuir as suas funções; promulgar e revogar as leis; declarar a guerra e concluir a paz; ter direito de vida e de morte nos casos em que a lei não concede clemência. No entanto, ao considerá-la a mais importante das categorias políticas para se pensar a República, já indica claramente o lugar que este conceito ocupa em sua teoria.

Nessa descrição dos atributos da soberania, o que interessa a Bodin é a questão da relação entre soberano e magistrado. Partindo da dicotomia entre autoridade plena e autoridade delegada, ele questiona se o soberano, ao delegar uma parte de sua autoridade a um magistrado, continua ou não a ser seu detentor. Apoiado nos juristas medievais que criaram argumentos a partir da compilação justiniana contrários à alienação dos direitos imperiais[3], Bodin sustenta a inalienabilidade dos atributos da soberania. Defende categoricamente que eles pertencem exclusivamente ao soberano. Assim, tanto na sua função de aplicar a lei quanto de decidir em casos não previstos pela lei, o magistrado não possui o *summum imperium*, pois recebeu seu poder do soberano apenas por um certo período de tempo, estando obrigado a restituí--lo quando aquele desejar. Os atributos essenciais da soberania não podem, portanto, ser transferidos ou compartilhados.

Soberania e República

A definição tão prometida da soberania só aparece em *Os Seis Livros da República*. Já na definição de República, que abre o primeiro capítulo, o poder soberano é apontado como condição essencial para sua existência: "República é o reto governo de várias famílias e do que lhes é comum, com poder soberano" (L. I, cap. 1, p. 27). O uso da preposição "com" indica o caráter imprescindível desse poder, sem o qual os outros elementos reunidos não constituem propriamente uma República.

O primeiro elemento da definição – reto governo – ecoa a tese agostiniana de que sem a presença da justiça, a República torna-se comparável a um bando de ladrões e piratas com os quais não é possível manter relações de comércio nem estabelecer tratados de amizade, uma vez que as ações estão fundamentadas apenas no uso da força. A noção de reto governo assegura também o respeito ao poder político, uma vez que, ao realizar a justiça, ele se torna legítimo. Talvez, por isso, na tradução para o latim, feita pelo próprio Bodin, seja utilizado o termo governo legítimo (*legitima gubernatio*) em vez de reto governo.

O segundo elemento – várias famílias – mantém a concepção organicista da comunidade política como reunião de grupos sociais mais elementares. Caracterizada por sua anterioridade lógica e cronológica, a família aparece como fonte e origem da

República. Numa perspectiva menos jurídica e mais sociológica, bem distinta dos contratualistas modernos, Bodin descreve sucintamente a passagem do comando privado para o público como consequência da violência natural do ser humano. O surgimento das comunidades políticas é concebido como um processo de agrupamento de várias famílias no qual a estrutura social foi sendo estabelecida a partir do resultado dos inevitáveis conflitos entre grupos rivais. A liberdade natural de cada chefe de família de viver sem constrangimento foi então substituída pela servidão ou pelo reconhecimento da necessária submissão ao líder que conduziu o grupo vitorioso.

A família serve também como modelo natural e concreto da República. Na estrutura familiar, Bodin encontra relações bem definidas de mando e obediência, capazes de manifestar a natureza da autoridade pública. O poder de comando do marido sobre a esposa, do pai sobre os filhos, do senhor sobre os servos e escravos revela que a relação de mando e obediência é inerente à condição humana e que está presente em todos os agrupamentos sociais. O poder doméstico evidencia também a necessidade da unidade de comando, sem a qual a desordem torna-se inevitável. Por essas razões, apesar de ser de natureza distinta, o poder do chefe de família é considerado a verdadeira imagem do poder soberano.

O terceiro elemento – o que é comum – ressalta a necessidade de haver algo em comum entre as várias

O CONCEITO DE SOBERANIA NA FILOSOFIA MODERNA

famílias, já que seria um contrassenso não ter coisas compartilhadas, como praças, ruas, muralhas, templos, leis, usos e costumes, numa coisa pública (*res publica*). A existência de coisas que pertencem a todos, sem cair em formas extremas de coletivismo ou de comunismo, criticadas por serem contrárias ao direito natural de propriedade das famílias, é considerada indispensável para que os laços sociais sejam criados e consolidados.

Mas não basta para Bodin a simples união de vários grupos sociais, nem a comunhão de bens e de interesses, nem a existência das mesmas leis e de instituições dirigidas pelo princípio da justiça, para caracterizar a existência de uma República. São condições necessárias, mas não suficientes. É preciso o estabelecimento de um poder capaz de assegurar a coesão entre esses elementos, reunindo-os e integrando-os numa unidade. Na antiga metáfora do navio, tal poder é comparado com a quilha, peça estrutural básica sobre a qual se assentam as demais partes de uma embarcação e sem a qual ela não passaria de um amontoado de partes desconexas: "a República sem poder soberano, que une todos os seus membros e partes, e todas as famílias, corpos e colégios, não é República" (L. I, cap. 1, p. 41).

Como Bodin já havia sustentado no *Método*, o princípio que institui a República é o reconhecimento de uma só e mesma autoridade à qual todos os membros da comunidade devem estar submetidos. Ela é o elemento que integra e reúne os diversos elementos, assegurando ao agrupamento social a sua necessária coesão. Assim, por sua natureza a soberania reúne e engloba as partes da República, e por sua função possibilita a unidade de comando tão essencial para a existência da comunidade política: "A soberania é o verdadeiro fundamento, o eixo sobre o qual se move o estado de uma comunidade política e do qual dependem todos os magistrados, leis e ordenanças; ela é que reúne as famílias, os corpos e os colégios, e todos os particulares num corpo perfeito: a República" (L. I, cap. 1, p. 43).

A soberania e suas marcas

A soberania é finalmente definida, no início do oitavo capítulo, como "o poder perpétuo e absoluto de uma República" (L. I, cap. 8, p. 179). Destaca-se inicialmente nessa definição o seu caráter público. Se a soberania deve ser assumida por um determinado agente, ela não pode ser considerada como sua propriedade. Trata-se de um poder que pertence à República, incluindo as ações de comandar, legislar, coagir, julgar, enfim, todas as atividades necessárias para a organização e manutenção da comunidade política.

A soberania precisa ser encarnada e só pode residir, segundo Bodin, numa só pessoa, em alguns membros da comunidade ou em todo os seus membros, resultando nos três possíveis regimes políticos – monarquia, aristocracia e democracia – denominados de estados da República.

Se a tradicional classificação aristotélica dos regimes políticos é mantida com base no número de pessoas que detêm o comando supremo, Bodin rejeita a possibilidade de uma quarta espécie de estado, normalmente denominada de constituição mista, resultado da mistura de dois ou mais regimes políticos. Este quarto regime político exigiria a partilha da soberania, seja pela repartição simultânea do poder soberano, o que seria juridicamente absurdo, pois as mesmas prerrogativas seriam divididas ao mesmo tempo, seja pela distribuição dessas prerrogativas entre diferentes agentes, o que causaria uma disputa e confronto de comandos. Para Bodin, o comando supremo não pode ser partilhado nem distribuído, mas deve estar inteiramente concentrado num agente, seja ele o monarca, um grupo de aristocratas ou todo povo. É da natureza da soberania ser indivisível.

Bodin recusa-se também a considerar os desvios das três espécies de estado como novos regimes políticos. Sustenta que os defeitos ou qualidades dos que detêm o poder soberano não alteram o estado de uma República, ou seja, as virtudes ou os vícios no exercício da soberania não modificam a sua essência. Se o poder soberano for exercido, numa monarquia, de maneira corrupta ou sábia, o estado não deixa de ser monárquico; e o mesmo vale para os outros dois estados.

O problema para Bodin estaria na confusão feita até então entre estado e governo. Por estado ele entende as três formas de regime político que uma República pode assumir a partir do número de pessoas que detêm a soberania. Já o termo governo não tem a mesma precisão. Ora indica a maneira como o poder é exercido pelo soberano, assumindo as formas legítima, despótica ou tirânica, de acordo com a relação do soberano com as leis e com os seus súditos; ora a maneira como esse poder é distribuído pelo soberano entre os membros da comunidade política, assumindo as formas aristocrática, democrática ou harmônica, conforme o grau de participação dos súditos nos cargos públicos. As diversas combinações dessas possibilidades resultariam na grande variedade de formas de governo, inclusive formas de governo misto, que têm sido confundidas, segundo Bodin, com as três formas possíveis de estado de uma República.

O adjetivo perpétuo da definição de soberania indica a continuidade que esse poder deve ter ao longo do tempo. Se tiver uma restrição cronológica, por mais amplo que possa ser, não pode ser considerado soberano. Para Bodin, aquele que assume um poder, mesmo que seja absoluto, por um certo tempo, não é soberano, pois não o exerce na condição de possuidor, mas de simples depositário, tendo somente uma posse precária desse poder. Expirado o tempo estipulado ou revogado pela vontade do detentor da soberania, o depositário é obrigado a restituir o

O CONCEITO DE SOBERANIA NA FILOSOFIA MODERNA

poder que recebeu por comissão, sob determinadas condições. Tal havia sido a situação dos Arcontes atenienses, dos Ditadores romanos, dos Regentes e de todos os que exerceram o poder em nome de outrem. Portanto, conclui Bodin, só pode ser considerado soberano o detentor de um poder que não sofra restrições no curso do tempo; caso contrário, trata-se apenas de um oficial, um regente ou um lugar-tenente, que está necessariamente subordinado ao soberano.

A perpetuidade expressa o princípio de continuidade temporal do poder público, que exclui toda prescrição e toda vacância. Os juristas medievais já haviam proclamado a propriedade imortal da pessoa do rei com expressões como "o rei não morre jamais", "o rei está morto! viva o rei!", desviando a atenção da inevitável ordem da natureza física, do corpo material do rei, para se fixar no caráter metafísico da realeza, no seu corpo imaterial[4]. Ecoando a tese de que a dignidade real nunca morre, porque está ligada ao corpo imaterial do rei, Bodin procura transportar a perpetuidade da realeza para a República, a fim de evitar a confusão entre a pessoa física do soberano e a pessoa pública da comunidade política.

O adjetivo perpétuo, no entanto, é excluído na versão latina da *República*, escrita pelo próprio Bodin: "*Majesta est summa in cives ac subditos legisbusque soluta potestas*". Uma hipótese para essa exclusão estaria na dificuldade de sustentar uma característica tão abstrata, já que a perpetuidade não se refere a um agente determinado, que é sempre limitado no tempo, mas ao poder público. Outra hipótese, talvez mais consistente, seria de que o adjetivo absoluto já contém a ideia de um poder ilimitado no tempo. Tal explicação justificaria também o fato de a maior parte da análise sobre a natureza da soberania ser dedicada a seu caráter absoluto.

O uso do adjetivo absoluto na definição implica atribuir ao poder soberano as características de superior, independente e incondicional: superior, porque aquele que possui poder soberano não pode estar submetido ou numa posição de igualdade em relação aos demais agentes políticos; independente, pois seu detentor deve ter plena liberdade de ação; e incondicional, na medida em que este poder deve estar desvinculado de qualquer obrigação. Para Bodin, numa comunidade política, ter poder absoluto significa estar acima das leis civis: "Aquele que melhor compreendeu o que é poder absoluto disse que não é outra coisa senão a possibilidade de revogar o direito positivo" (L. I, cap. 8, p. 193).

Por ter o ofício de proteger e governar a República, o soberano deve possuir o poder de criar e corrigir as leis civis de acordo com sua vontade, podendo alterá-las e derrogá-las conforme as circunstâncias, argumenta Bodin. Essa afirmação de independência do soberano diante das leis é sustentada pelo fragmento de Ulpiano[5]: "é por isso que a Lei diz que o príncipe está acima do poder das leis" (L. I, cap. 8, p. 191).

Mas a interpretação dessa máxima da jurisprudência romana não correspondia às pesquisas filológicas do humanismo jurídico, que já haviam revelado que o princípio "o príncipe está acima das leis" (*princeps legibus solutus est*) tinha sido enunciado de maneira bastante restrita pelo jurista romano Ulpiano, ao comentar duas leis (*lex Iulia et Papia*) estabelecidas pelo imperador Augusto, nos anos de 18 a.C. e 9 a.C., para regular a sucessão testamentária. Também não correspondia aos comentários dos juristas medievais, que não associavam este fragmento à atividade legisladora do imperador, mas o interpretavam no sentido de que ele não podia estar submetido a nenhuma coerção legal, uma vez que não havia magistrado que o obrigasse a cumprir a lei. A interpretação de Bodin seguia a de alguns juristas franceses, segundo a qual essa máxima não se limitava a uma situação jurídica de direito privado, mas se aplicava a todas as leis civis.

O soberano, segundo Bodin, deve estar livre diante das leis que estabeleceu, porque ninguém pode se obrigar a si mesmo, e das que foram estabelecidas pelos seus predecessores, pois se fosse obrigado a cumpri--las o seu poder não seria absoluto. Assim, aquilo que identifica o detentor de um poder absoluto é o direito de legislar sem necessidade do consentimento daquele a quem a norma se aplica, "pois é necessário que o príncipe soberano tenha as leis em seu poder para as alterar e corrigir segundo a ocorrência dos casos, do mesmo modo que o piloto deve ter em suas mãos o governo para conduzir a nave, caso contrário ela estará em perigo" (L. I, cap. 8, p. 204).

Porém, Bodin considera que esta marca ainda não é suficiente para identificar o verdadeiro detentor da soberania, porque alguns príncipes, duques, condes, barões e outros senhores territoriais, que não eram soberanos, legislavam em seus domínios. Para identificar o detentor da soberania, acrescenta então ao poder de legislar sem o consentimento dos súditos a necessidade de não reconhecer superior.

Depois de criticar os autores antigos, por tratar de maneira rápida e superficial os direitos da soberania, e os juristas medievais, por tê-los ampliado demais, Bodin procura enumerá-los, para que não haja dúvida na identificação do verdadeiro soberano. O primeiro e mais importante direito do detentor da soberania é o poder de legislar de acordo com sua vontade, que compreende não apenas a declaração como também a correção da lei ou sua interpretação, quando esta for tão obscura que os magistrados, encarregados de utilizá-la, encontrem ambiguidade ou obscuridade.

A partir dessa prerrogativa legislativa, todos os demais direitos são definidos: "sob este poder de dar e anular a lei estão compreendidos todos os outros direitos e marcas da soberania, de modo que se pode dizer que há somente esta marca" (L. I, cap. 10, p. 309). Os direitos de declarar a guerra e tratar a paz, de instituir os principais oficiais, de estabelecer o peso e o valor das moedas, de impor taxas e impostos, de ter a última palavra em qualquer assunto e outorgar vantagens, exceções e imunidades a quem desejar, entre outros, derivam do direito de legislar.

Esses direitos são considerados inalienáveis, ou seja, pertencentes apenas ao soberano. Se ele transmitir um deles, deixa de ser soberano. Bodin reconhece a possibilidade do soberano encarregar magistrados, normalmente de competência reconhecida e de comprovada confiança, de exercer algumas das prerrogativas da soberania, desde que isto não implique transferência definitiva. Assim, por mais amplos que sejam os poderes de um magistrado, ele nunca passará de um executor subordinado ao verdadeiro detentor da soberania, pois a sua atuação na autoridade pública depende sempre da concessão do soberano.

Como a lei imposta à natureza tem seu fundamento na vontade divina, do mesmo modo a lei outorgada pelo soberano, segundo Bodin, embora possa estar fundamentada em boas razões, retira sua autoridade da livre vontade do soberano. As relações entre Deus e a natureza servem frequentemente de modelo para as relações entre o soberano e a República: da mesma maneira que Deus tem um poder absoluto sobre a natureza, governando-a de acordo com sua livre vontade, assim também o soberano é totalmente livre diante das leis civis, que dependem exclusivamente de sua vontade.

Na definição bodiniana de poder absoluto, transparecem os argumentos construídos pelos teólogos medievais, notadamente aqueles que enfatizavam a livre vontade de Deus. Se não há uma transposição direta dos atributos que integram o poder divino para o terreno político, é possível constatar o uso de esquemas teológicos, como as afirmações de que o soberano é a imagem de Deus ou seu lugar-tenente, em várias partes do texto.

Os limites do poder soberano

Embora a soberania tenha sido definida como o poder perpétuo e absoluto, seu detentor não possui um poder arbitrário que não conheça limites: "Se nós dissermos que tem poder absoluto quem não está sujeito às leis, não encontraremos no mundo príncipe soberano, visto que todos os príncipes da Terra estão sujeitos às leis de Deus e da natureza e a certas leis humanas comuns a todos os povos" (L. I, cap. 8, p. 190).

Apesar de uma constante presença no texto bodiniano, não se encontra uma definição clara e precisa de lei divina. Algumas vezes é apresentada como uma lei eterna e imutável, que manifesta ao mesmo tempo a sabedoria e a vontade de Deus, responsável pela existência e conservação de todas as coisas. Quase sempre é associada à lei revelada nas Sagradas Escrituras, mais especificamente à lei mosaica. Ela aparece frequentemente como a expressão da vontade de Deus, cuja transmissão integral estaria assegurada pela imutabilidade da língua hebraica, utilizada na criação do Universo.

O detentor da soberania está necessariamente submetido à lei divina, porque é, antes de tudo para Bodin, um súdito de Deus. O soberano não pode transgredi-la em hipótese alguma, devendo observá-la constantemente no exercício de seu poder. Aliás, ela é o modelo a partir do qual deve se inspirar para criar a lei civil. Se o soberano está isento das leis civis, que provêm de sua vontade, o mesmo não acontece diante da lei divina, expressão da vontade de Deus, que ultrapassa seu poder e define a exigência de justiça em suas ações.

Do mesmo modo não se encontra uma clara definição de lei natural. Ela aparece quase sempre ligada à lei divina, às vezes pela conjunção *ou*, às vezes pela conjunção *e*, marcando ora alternância, ora equivalência. Tomadas praticamente como equivalentes, distinguem-se apenas pela maneira de serem conhecidas: enquanto a lei divina é comunicada por meio da revelação, a lei natural se impõe à razão pela equidade que carrega em si mesma. Ambas expressam a vontade de Deus, diante da qual o poder do soberano está submetido.

Ao afirmar que o soberano está submetido a certas leis humanas comuns a todos os povos, Bodin não enuncia essas leis nem esclarece o seu conteúdo.

A TEORIA DA SOBERANIA DE JEAN BODIN

Talvez ele esteja se referindo àquelas leis que permaneceram após o processo comparativo das legislações dos mais diversos povos, em cuja exposição estava trabalhando desde a juventude.

Na verdade, o grande projeto intelectual de Bodin era a construção de uma arte jurídica na qual o direito estivesse exposto numa ordem simples, clara e racional. Não acreditava, como muitos de seus contemporâneos, ser possível tal construção somente a partir da reordenação do direito romano, que era considerado nessa época um conjunto de normas jurídicas perfeito, dotado de uma racionalidade intrínseca e, por isso, de validade universal. Para Bodin, uma verdadeira arte jurídica só poderia surgir de um amplo quadro comparativo dos sistemas legislativos de todos os povos ou, pelo menos, dos mais ilustres, para que se pudesse selecionar aquilo que era comum a todos os povos. Somente depois desse processo é que seria possível destacar os princípios jurídicos que poderiam ser considerados universais. É possível cogitar então que essas leis humanas comuns a todos os povos fossem esses princípios jurídicos.

Entre os séculos XIII e XV, foram extraídas dos usos e costumes franceses algumas regras, que se constituíram em normas próprias ao estado do reino. Por expressarem a vontade da comunidade política, consagrada no tempo, tornaram-se independentes e superiores a toda vontade individual, inclusive à do rei, que não as podia modificar. Fixavam algumas

O CONCEITO DE SOBERANIA NA FILOSOFIA MODERNA

prerrogativas, mas também estipulavam limites dentro dos quais o poder real devia atuar. Denominadas de leis fundamentais do reino, elas aparecem no texto de Bodin como princípios constitucionais, cuja revogação colocaria em risco a própria soberania, uma vez que estão intimamente vinculadas a sua existência: "Quanto às leis que concernem ao estado do reino e seu estabelecimento, uma vez que elas estão unidas e anexadas à coroa, o príncipe não as pode derrogar, como a lei Sálica; se o fizer, seu sucessor pode sempre anular o que fez em prejuízo das leis reais, sobre as quais está apoiada e fundada a majestade soberana" (L. I, cap. 8, p. 197).

Além da lei Sálica, outra lei fundamental citada por Bodin é a que proíbe a alienação do domínio da Coroa. A noção de que o domínio da Coroa não devia ser alienado pode ser identificada, no horizonte europeu, desde o século XIII, mas apareceu pela primeira vez, na França, na cerimônia de coroação de Carlos V, em 1365. A forte personalização do poder real e a falta ainda de uma clara distinção entre o domínio privado do monarca e o domínio público retardaram seu reconhecimento como lei fundamental do reino. Até o século XV, ela era utilizada principalmente para permitir ao rei revogar as alienações realizadas por seus predecessores. Para que esse princípio ganhasse reconhecimento jurídico, foi necessário o estabelecimento de uma estreita relação entre o domínio da Coroa e a impossibilidade de o rei dispor livremente desse domínio. Isso só aconteceu em 1566, com o édito de Moulins, que o consagrou como lei fundamental do reino francês.

O respeito às leis fundamentais não implica, no entanto, a impossibilidade de o soberano legislar, a fim de completá-las, quando necessário. No caso da França, não se pode desprezar o número de ordenanças reais, cujo objetivo era precisar um ponto mal determinado por essas normas ou colocar uma nova regra que se impunha em razão das circunstâncias. A partir do século XV, por exemplo, surgiram ordenanças sobre a maioridade e sobre a regência, que procuravam, a partir daquelas disposições constitucionais, evitar uma ruptura na continuidade do poder real.

Bodin chegou a defender ardorosamente a lei fundamental que proibia a alienação do domínio da Coroa, quando participou dos Estados Gerais de Blois, em 1576-1577, como deputado do terceiro estado pelo bailado de Vermandois. Diante do projeto real de alienar parte do domínio da Coroa, a fim de recuperar as débeis finanças do reino, abaladas pelas guerras de religião, Bodin recordou o édito de Moulins e liderou a resistência do terceiro estado, argumentando que o rei não era proprietário desse domínio, mas um simples usuário. O projeto foi rejeitado e o monarca francês teve de buscar outras fontes de recursos para recuperar as finanças do reino.

A coerência da teoria de Bodin

Mas como o poder do soberano, definido como superior, independente e incondicional, pode estar submetido às leis de Deus e da natureza, às leis comuns a todos os povos e às leis fundamentais da República? Não haveria uma clara contradição em sustentar que a soberania é absoluta e limitada por essas leis?

Num primeiro momento, poderíamos pensar que esses limites são apenas restrições morais, sem eficácia jurídica, cabendo apenas à consciência do soberano respeitá-los. De fato, entre o poder do soberano e a obediência às leis divinas e naturais não existe um agente que tenha o direito de exigir seu cumprimento. Mas, se não são dotadas de eficácia legal, pois não exercem coerção jurídica sobre o soberano, não devem ser consideradas apenas restrições morais. O desprezo às leis divinas e naturais, por exemplo, traz sérias consequências para o soberano: "É verdade que não se encontra príncipe tão mal informado que tivesse desejado ordenar coisa contrária às leis de Deus e da natureza, pois perderia o título e a honra de príncipe" (L. III, cap. 4, p. 97).

As leis divinas e naturais chegam a adquirir um conteúdo concreto, quando suas determinações coincidem com as leis humanas. Se qualquer uma de suas normas estiver consagrada na legislação positiva, o soberano deve respeitá-la, não por ser uma lei civil,

A TEORIA DA SOBERANIA DE JEAN BODIN

mas por obrigar a todos, inclusive ao próprio soberano: "Como o príncipe soberano não está obrigado pelas leis dos gregos nem de qualquer outro estrangeiro, assim também não está submetido às leis dos romanos ou a suas próprias leis, a não ser que elas estejam de acordo com as leis naturais" (L. I, cap. 8, p. 221).

Elas adquirem um conteúdo ainda mais específico em dois casos: na obrigatoriedade dos contratos e na inviolabilidade da propriedade privada. A necessidade do cumprimento dos contratos é discutida por Bodin a partir da análise do juramento de coroação, no qual o novo monarca promete preservar as leis do reino. No *Método*, ele já havia expressado sua admiração pelo juramento dos reis franceses que prometem manter-se dentro de determinados limites, respeitando os costumes e as leis do reino. Na *República*, introduz uma importante distinção: se o novo monarca jura para si mesmo, deve respeitar as leis que prometeu guardar, do mesmo modo que o seu juramento, ou seja, perante si mesmo, de acordo com sua consciência. Já se promete a um outro soberano ou aos seus súditos, o novo monarca fica obrigado a cumpri-las, mesmo que não lhe sejam favoráveis, como qualquer ser humano diante de suas promessas.

As controvérsias criadas em torno dessa questão eram resultado, segundo Bodin, da confusão feita até então entre lei e contrato. Ao estabelecer a reciprocidade entre lei e contrato, os juristas medievais haviam tratado a promessa no âmbito da regulamentação pública e o ato de legislar como um compromisso. A distinção é muito clara para Bodin. A lei é um comando explícito, expressão da autoridade de quem detém o poder soberano. Embora possa estar baseada em boas razões, trata-se de um ato unilateral que tem como fundamento a pura e livre vontade do soberano, não podendo ser considerada um pacto ou um acordo. Ela também se diferencia do direito, porque não carrega necessariamente a equidade. Já o contrato obriga as partes a cumprir suas promessas. Ambas estão comprometidas a manter a palavra dada, mesmo que uma delas seja o soberano: "A convenção é mútua entre o príncipe e os súditos, obrigando as duas partes reciprocamente; uma das partes não pode rompê-la em prejuízo da outra e sem o seu consentimento; e neste caso, o príncipe não está acima dos súditos" (L. I, cap. 8, p. 195).

O fundamento da obrigação do cumprimento das convenções são as leis divinas e naturais, que forçam os contratantes a manter seus acordos. Até mesmo Deus, argumenta Bodin, está obrigado a cumprir suas promessas, uma vez que se trata de um princípio da equidade natural. Assim, quando o príncipe estabelece um contrato, mesmo que depois se arrependa, passa a estar preso à sua promessa: "O príncipe soberano está obrigado aos contratos que faz, tenham estes sido realizados com seus súditos ou com príncipes estrangeiros" (L. I, cap. 8, p. 218).

A obrigação do soberano está também fundada na necessidade de manter a fé de seus súditos em sua palavra. Uma vez a palavra empenhada, ela deve ser mantida. Como guardião e responsável pelos contratos realizados entre os súditos, se o soberano viola e infringe seus juramentos, que garantia terão os súditos a respeito do cumprimento de seus acordos? Sendo a fé o principal fundamento das comunidades políticas, o soberano deve procurar manter sua palavra, servindo de exemplo para os seus súditos.

Bodin recorda que a obrigação contratual cessa somente em duas situações: quando as partes deixam de ter interesse no cumprimento do contrato; ou quando as promessas realizadas se tornam injustas e uma das partes se sente lesada. Ora, muitas vezes o soberano é obrigado, pelas forças das circunstâncias, a selar acordos e tratados que trazem cláusulas iníquas ou irrealizáveis. É possível também que as leis que prometeu respeitar se tornem um empecilho para a administração da justiça. Nos dois casos, Bodin admite que o soberano pode deixar de cumprir seu juramento, pois se a manutenção da ordem e da paz social, que é a razão de ser da promessa em respeitar as leis e os costumes do reino, estiver comprometida, a obrigação cessa. O cumprimento dos juramentos realizados pelo soberano depende, portanto, em última instância, da manutenção da justiça, materializada na noção de bem público.

As leis de Deus e da natureza também proíbem o

soberano de se apossar dos bens de seus súditos: "Se o príncipe soberano não tem poder de infringir as leis naturais, postas por Deus, do qual ele é imagem, não poderá também tomar o bem de outrem, sem uma causa que seja justa e razoável" (L. I, cap. 8, p. 222).

No *Método*, Bodin já havia combatido a tese defendida por alguns conselheiros reais de que o monarca francês detinha todos os direitos, inclusive o de se apossar das propriedades de seus súditos, por ser o legítimo proprietário de todas as coisas do reino. Utilizando o argumento de Sêneca de que o poder público pertence aos reis, mas a propriedade aos particulares, ele havia repudiado essa ideia, considerando-a uma das mais perniciosas à República. Bodin retomava simplesmente a distinção que alguns juristas medievais haviam traçado entre a propriedade privada dos súditos e o poder de jurisdição do imperador, que não incluía o poder sobre os bens de seus súditos.

Na *República*, reafirma que as leis divinas e naturais proíbem o soberano de atentar contra a propriedade de seus súditos. Qualquer intervenção, sem justa causa, na propriedade privada, seja na forma de confisco, seja por meio do aumento de impostos, ultrapassa os limites de ação do poder público: "Não se pode isentar nem o papa nem o imperador, como fazem aqueles aduladores que defendem o direito papal e imperial de tomar os bens de seus súditos sem uma causa; vários doutores e mesmo alguns canonistas abominam essa opinião, considerando-a contrária à lei de Deus. Ela não pode estar sustentada no poder absoluto; melhor seria fundamentá-la na força e nas armas, que é o direito do mais forte e dos ladrões, visto que o poder absoluto não é outra coisa senão a derrogação das leis civis, como já foi demonstrado, e que não pode atentar às leis de Deus, que anunciou por meio de suas leis que não é lícito tomar nem mesmo cobiçar o bem do outro" (L. I, cap. 8, p. 221).

Impor ou isentar os súditos de taxas e contribuições é um dos direitos da soberania, compreendido naquele mais importante e abrangente que é o de legislar. As leis fiscais, como todas as leis positivas, dependem da vontade do poder soberano. Mas Bodin argumenta que esse poder de tributar não pode ser exercido de maneira discricionária. Se os impostos são um dos meios de que o soberano dispõe para custear as despesas da República, eles só devem ser instituídos, sem a autorização dos súditos, quando os outros meios forem insuficientes.

Do mesmo modo, o soberano só pode confiscar a propriedade de seus súditos, se estiver diante de uma situação de urgência, que coloque em risco a existência da República. Neste caso, como no descumprimento dos contratos, o público tem prioridade sobre os interesses particulares e o soberano, como legítimo representante e defensor do bem público, não necessita da autorização de seus súditos: "Com exceção das causas que tratei, o príncipe não pode tomar nem doar o bem de outro, sem consentimento do seu proprietário; e em todos os dons, graças, privilégios e atos do príncipe sempre deve constar a cláusula *salvo o direito de outrem,* que deve ser subentendida, quando não estiver expressa" (L. I, cap. 8, p. 223).

Assim, parece difícil sustentar que as leis divinas e naturais são tão somente freios morais que pesam apenas sob a consciência do soberano. Elas representam, na verdade, limites bem concretos à ação do soberano, cujo poder absoluto está nitidamente restrito ao âmbito das leis civis. O exercício da soberania aparece dessa maneira vinculado não por um liame jurídico, mas em razão de uma exigência de justiça. O soberano não pode exercer sua competência legisladora segundo seu capricho, mas deve fazê-lo em conformidade com o que o justo requer, revelado pelas leis divinas e naturais: "a soberania é obrigada a fazer justiça por obrigação divina e natural" (L. III, cap. 6, p. 471).

Não haveria então na exposição bodiniana uma tentativa de conciliar duas concepções antitéticas de lei? A primeira, característica do período medieval, segundo a qual a lei tem uma origem, um conteúdo e uma sanção distintos da vontade do governante; e a outra, que irá marcar a modernidade, segundo a qual a lei é a expressão da vontade do soberano. Se Bodin inova ao colocar a vontade do soberano na origem da lei civil, como sustenta tantas vezes, não estaria ainda preso à tradicional ideia de que o governante deve estar submetido a regras que transcendem seu poder?

Ora, Bodin define claramente lei como a ordem ou a sanção da autoridade suprema. Em nenhum momento, a origem, o conteúdo e a sanção da lei aparecem desvinculados da decisão do soberano. A lei civil é sempre apresentada como um ato unilateral, que tem como fundamento a pura e livre vontade do soberano. O governante não é mais visto, como no pensamento político medieval, como um justiceiro, encarregado de fazer cumprir uma norma superior, mas como aquele que cria a lei civil conforme sua vontade.

O problema não estaria então no uso equivocado da palavra lei para a descrição dos limites do poder do soberano? Eles não seriam muito mais princípios equitativos, desprovidos de sanção, do que comandos ditados por uma autoridade? Sendo assim não seria mais adequado o termo direito para designá-los?

Se Bodin chega a utilizar em alguns momentos a expressão direito natural, a palavra lei parece realmente adequada para designar os limites de ação do soberano, uma vez que as leis divinas e naturais expressam para Bodin o comando de Deus; e as leis fundamentais são consideradas a expressão dos usos e costumes, que manifestam as leis naturais desejadas por Deus para aquela nação. No caso das leis fundamentais, Bodin aponta para a necessidade do respeito a uma ordem jurídica que é anterior e superior ao soberano. Apesar de origem costumeira, essas normas definem e constituem a própria soberania. O exemplo da lei Sálica é bastante esclarecedor. Embora originalmente não tratasse da sucessão real, no decorrer do período medieval, ela passou a ser evocada como uma norma de direito público, que impunha determinadas regras no processo sucessório. Essas regras, cuja origem se perdeu no tempo, pelo uso e pela constância, ganharam eficácia e respeito, tornando-se independentes da vontade real, à qual não competia mais determinar como e a quem deveria ser transmitida a Coroa. Por isso, a lei Sálica é considerada irrevogável por Bodin. Ela concede ao reino a necessária estabilidade e assegura a legítima continuidade do poder, possibilitando a diferenciação entre o autêntico soberano e o usurpador.

No *Método,* Bodin faz uma distinção entre dois gêneros de monarcas: aqueles que não se submetem às leis civis como os antigos reis que governavam unicamente baseados em sua vontade, pois não havia ainda sistemas jurídicos constituídos; e os que respeitam as leis civis, como os monarcas cristãos que juram solenemente governar conforme a justiça, respeitando as leis da República. A partir do

A TEORIA DA SOBERANIA DE JEAN BODIN

exemplo de Roma, onde o povo detinha a soberania e jurava sujeitar-se à lei que tinha promulgado, Bodin sustenta que não existem razões para o soberano desrespeitar as leis que ordenou. Chega até mesmo a lamentar que muitos monarcas de seu tempo – como os da Turquia, da Pérsia, da Inglaterra e o próprio pontífice romano – não reconheçam o valor de ter seu poder exercido dentro de uma ordem legal. Mas, embora esta seja considerada a maneira mais apropriada para exercer o poder soberano, ela não é concebida como a única. Submeter-se ou não às leis civis não altera a essência do poder do soberano, que não depende do modo como é exercido. As duas formas de exercer a soberania são avaliadas como legítimas, e a decisão de respeitar ou não as leis civis dependem exclusivamente da vontade do soberano. A submissão do soberano não pode estar fundamentada numa obrigação legal, uma vez que seu poder não sofre restrições jurídicas, mas pode vir do desejo de ser estimado e respeitado.

Na *República*, há uma mudança de tom, na medida em que é enfatizado o caráter absoluto desse poder, sua completa liberdade diante das leis positivas. Mas os limites permanecem os mesmos. Eles devem ser assim entendidos como uma espécie de delimitação das fronteiras dentro das quais o poder soberano pode ser exercido legitimamente. No cumprimento de sua função, que é dirigir a coisa pública, o soberano não necessita ultrapassar tais fronteiras.

Se ultrapassá-las, quando não há um perigo eminente que coloque em risco a salvação da República, a sua ação deixa de ser legítima para se sustentar somente na força: "Se o súdito de um senhor particular ou justiceiro não está obrigado em termos de direito, se o senhor ou o magistrado ultrapassar os limites do seu território ou o poder que lhe foi dado, mesmo que a ordem seja justa e honesta, como um magistrado pode estar obrigado a cumprir os mandamentos de um príncipe em coisas injustas e desonestas? Pois nesses casos o príncipe transpôs e violou os limites sagrados da lei de Deus e da natureza" (L. III, cap. 4, p. 97).

O soberano tem, portanto, um âmbito de atuação bem demarcado: o direito civil. No seu interior, ele é realmente absoluto, uma vez que cria, altera e anula as leis civis de acordo unicamente com a sua vontade. O soberano é totalmente livre para agir no interior dessa área. Fora dela, está sujeito às mesmas limitações que os demais agentes sociais. Ele não pode atentar, por exemplo, contra as leis fundamentais da República, que estabelecem o seu poder. Assim podemos entender que o poder do soberano é definido como superior, independente e incondicional, com limites bem demarcados dentro dos quais ele deve ser exercido. Esses limites apontam as exigências metajurídicas – metafísicas, ontológicas e éticas – da ação do soberano.

Notas

1. Ver *Digesto* 2,1,3

2. Bodin não utiliza o termo Estado, já empregado por outros autores, para designar a comunidade política organizada, mas mantém o termo clássico República, realçada nesse período pela cultura humanista e pelo uso do latim clássico.

3. Ver Digesto 14,2,9; e Código 1,1,1.

4. Ver Kantorowicz, E. *Os dois corpos do rei: um estudo sobre teologia política medieval*, p. 193-272.

5. Ver *Digesto* 1,3,31.

3.

A soberania em Thomas Hobbes

O CONCEITO DE SOBERANIA tal como foi definido e explicitado por Jean Bodin ocupou um lugar central no pensamento político moderno. Thomas Hobbes, considerado o primeiro teórico moderno da soberania, utilizou esse conceito para descrever as propriedades do poder do Estado, justificar seu campo de ação e marcar sua autonomia interna e sua independência externa.

A noção hobessiana de soberania, devedora da exposição feita por Bodin, está inserida numa pretensa explicação científica sobre a origem, a finalidade e a extensão do poder político. Na carta dedicatória do *De corpore* (1655), ele se intitula o iniciador da ciência política, por definir e expor as suas principais categorias de maneira clara e sistemática: "Se a física é uma coisa inteiramente nova, a ciência política o é ainda bem mais. Ela não é mais antiga do que minha obra *Do Cidadão*" (p. 4).

Até então, para Hobbes, a política havia sido tratada como um conhecimento do provável, um domínio reservado à retórica, no qual não era possível

O CONCEITO DE SOBERANIA NA FILOSOFIA MODERNA

alcançar a mesma exatidão de um raciocínio matemático. A consequência dessa perspectiva que marcara o pensamento político até o Renascimento eram mais dúvidas e controvérsias do que certezas. Para torná-la uma ciência rigorosa, Hobbes recorre ao procedimento demonstrativo das matemáticas. Inspirado nos *Elementos* de Euclides, ele busca na geometria a maneira de alcançar conclusões incontestáveis sobre a justiça e o governo, por meio de inferências necessárias de princípios indubitáveis.

O caráter científico da política provém não apenas de ser ela um conhecimento dedutivo, mas principalmente de sua natureza artificial. A política é considera por Hobbes um produto do engenho humano. Se a ciência é o conhecimento pela causa, seria possível conhecer melhor aquilo que foi produzido pelos próprios homens; e como os corpos políticos são criações humanas, tanto quanto os teoremas da geometria, eles são passíveis do mesmo tipo de conhecimento certo e seguro.

Para fazer da política uma ciência tão rigorosa quanto as matemáticas, Hobbes acredita que seja necessário, primeiro, elucidar seus conceitos e produzir definições irrefutáveis, que sejam universalmente válidas; depois, extrair consequências dessas definições, estabelecendo conexões necessárias entre as proposições, de modo que o discurso político adquira o mesmo estatuto de certeza de uma demonstração geométrica.

Com este propósito, ele empreende a construção da ciência política, baseada numa teoria da natureza humana, que tem seu fundamento numa filosofia natural. Embora seu sistema filosófico seja apresentado como composto dessas três partes inter-relacionadas, Hobbes admite, ao publicar suas obras políticas – *Do Cidadão* (1642), *Os Elementos da Lei Natural e Política* (1640/1650) e *Leviatã* (1651) – antes das duas primeiras partes, que sua ciência política pode ser compreendida de maneira independente. De fato, se não é tão imperativo o conhecimento de sua física para a compreensão de sua teoria política, o mesmo não acontece com sua concepção do homem, que está presente nos primeiros capítulos de suas obras políticas.

A natureza humana

Seguindo o modelo mecanicista de seu tempo, Hobbes explica todos os fenômenos naturais como relações entre corpos em movimento. Os corpos são entendidos como a matéria sobre a qual o movimento ocorre e o movimento como a única causa de tudo que ocorre nos corpos, ou seja, o movimento é concebido como a causa da existência de todas as coisas, inclusive da determinação do próprio movimento. Corpos e movimento compõem toda realidade existente e são assim as noções elementares a partir das quais são elaboradas sua filosofia natural e sua teoria da natureza humana.

A natureza humana é definida como composta pelas faculdades ou poderes naturais do corpo e do espírito dos homens: força, experiência, afecção, razão etc. Sendo obra divina, ela não pode ser conhecida de maneira tão rigorosa como as coisas produzidas pelo engenho humano. Mas, se a compreensão de sua causa primeira, que é Deus, ultrapassa os limites do conhecimento, é possível entender os mecanismos pelos quais os homens têm, num primeiro momento, necessidade e, num segundo, capacidade de criar os corpos políticos.

Hobbes distingue no corpo humano duas espécies de movimento: os vitais e os voluntários. Os movimentos vitais, tais como a circulação do sangue, a pulsação, a respiração etc., começam com a geração do corpo e continuam até a sua extinção. Já os movimentos voluntários, como andar, falar etc., dependem da sensação e da imaginação, produzidas quando os corpos exteriores exercem sobre os órgãos sensoriais uma pressão que se propaga em direção ao cérebro e ao coração que a ela respondem.

Os movimentos voluntários são provocados, na concepção hobessiana, pelo esforço (*conatus*), definido como movimentos mínimos imperceptíveis das partes internas do corpo. O *conatus*, que explica as determinações de todos os movimentos perceptíveis, é denominado de desejo ou de apetite, quando aproxima o homem daquilo que o causa, e de aversão, quando o afasta. O objeto de desejo é chamado de bom; e o de aversão de mau. Não há uma regra para determinar o que é bom ou mau, inferida da natureza dos próprios objetos, podendo ser apenas extraída de cada indivíduo, que busca o que lhe é favorável e evita o que lhe prejudica.

As afecções ou paixões são descritas como especificações do *conatus*. Elas são então movimentos internos que se originam no corpo, provocados por outros corpos; e no corpo são conservadas, conforme o princípio de inércia, a menos que algo ofereça resistência suficiente para extingui-las. Os homens estão, portanto, submetidos às suas afecções e por elas regulam suas ações em vista de alcançar o que lhes parece bom e de evitar o mau.

A razão é definida como um cálculo, adição e subtração, dos nomes estabelecidos para marcar e significar os pensamentos. Assim, o raciocínio seria equivalente a operações matemáticas: o ato de raciocinar é como o ato de calcular, pois raciocinar é também somar e subtrair. A diferença é que o cálculo matemático é feito com números, enquanto o raciocínio é feito com nomes ou designações das coisas.

O conhecimento da natureza humana revela então um indivíduo portador de poderes naturais com os quais procura manter seus movimentos. Todas as suas ações visam alcançar aquilo que é considerado um benefício, principalmente o maior de todos que é a manutenção dos movimentos vitais dos quais depende a realização dos demais movimentos.

O CONCEITO DE SOBERANIA NA FILOSOFIA MODERNA

O estado de natureza

Para melhor compreender a necessidade de um corpo político dotado de poder soberano e a maneira como é instituído, Hobbes concebe um hipotético estado de natureza no qual os homens viveriam numa suposta condição pré-política, sem a presença de uma autoridade que os submeta, relacionando-se unicamente de acordo com sua natureza. Trata-se de uma condição que talvez nunca tenha existido, mas que serve para supor as razões pelas quais os homens desejam viver em sociedade, sujeitos a um poder que regule suas ações.

Esse estado de natureza é caracterizado como uma condição de igualdade entre os homens quanto às faculdades do corpo e do espírito. Hobbes não afirma que os homens sejam fisicamente ou espiritualmente idênticos por natureza, pois é manifesto que possuem diferenças de força corporal e de agudeza de espírito. Apenas salienta que, quando essas faculdades são consideradas conjuntamente, verifica-se a mesma capacidade em todos os homens para alcançar os fins desejados. Prova disso é que um indivíduo supostamente mais fraco pode superar outros mais fortes se agir com inteligência ou astúcia. A intenção de Hobbes é mostrar que as diferenças quantitativas não são suficientemente significativas para delas se extrair qualquer desigualdade natural que justifique a submissão.

Dessa igualdade quanto à capacidade, Hobbes deduz a existência de uma inevitável competição entre os indivíduos por bens que não podem ser compartilhados ou divididos, pois cada um tem a mesma expectativa de consegui-los. Na disputa pelos bens desejados, ninguém estaria imune de ser superado pelo seu concorrente, já que todos têm a mesma capacidade de eliminar seus oponentes.

Essa igualdade de condições e de esperança gera também uma atitude preventiva, uma vez que a melhor maneira de se proteger das possíveis investidas dos potenciais adversários é atacar previamente. A mútua desconfiança inclina então cada um a repelir os seus rivais, antecipando-se a um possível ataque, na trajetória que o conduz ao fim desejado.

Hobbes identifica ainda outra fonte de discórdia na natureza humana: a busca pela glória. Como os homens normalmente atribuem a si mesmos um valor maior do que os seus semelhantes reconhecem, eles acabam exigindo, muitas vezes por meio da violência, tal reconhecimento.

A competição, a desconfiança e a glória conduzem assim os indivíduos em estado de natureza a atacar uns aos outros tendo em vista a vantagem, a segurança e a reputação. A condição bélica é uma inferência da condição natural dos homens, ou seja, é razoável esperar a disposição para a guerra entre os homens numa situação de plena igualdade de poder.

O CONCEITO DE SOBERANIA NA FILOSOFIA MODERNA

Se todos são iguais, no sentido de que ninguém pode desejar para si algo que o outro também não possa querer, então todos têm o mesmo direito a tudo. Todos dispõem nesse estado do que Hobbes denomina direito natural, ou seja, da mesma liberdade de usar seus poderes naturais, da maneira que considerar adequada, para buscar o que considera bom para si mesmos, em especial o maior de todos os bens que é a manutenção da existência.

Mas isto que parece proveitoso para cada indivíduo, que é dispor de sua liberdade natural como desejar, não pode sê-lo para todos. Primeiro, porque os indivíduos têm pouca probabilidade de exercer esse direito em razão da dificuldade de todos desfrutarem dele ao mesmo tempo; depois, porque o direito ilimitado a todas as coisas tem como consequência uma corrida incessante entre os indivíduos pelo aumento de poder, a fim de garantir a realização de seus propósitos. Nessa disputa, nenhuma quantidade finita de poder é capaz de assegurar o maior de todos os bens, que é a autopreservação, cujas chances acabam tornando-se cada vez menores.

O estado de natureza é assim intrinsecamente um estado de guerra de todos contra todos. Isso não significa que haja confrontos ininterruptos, mas que há uma constante vontade, uma intenção permanente, uma disposição contínua para enfrentar e combater. Enquanto for mantido, segundo Hobbes, não há lugar para a indústria, o comércio, a agricultura, a

A SOBERANIA EM THOMAS HOBBES

ciência ou as artes; e, pior, a vida humana está constantemente ameaçada. Esse estado de guerra não está num passado remoto, que deixou de existir com a civilização, mas é uma possibilidade e um risco eminentes. Hobbes o exemplifica nas situações de guerra civil, nas quais não há um poder capaz de arbitrar as diferenças entre os indivíduos, e nas relações internacionais, em que os Estados não reconhecem superior.

A saída desse estado natural de guerra de todos contra todos se impõe e é motivada por duas fortes paixões: o medo da morte precoce; e a esperança de adquirir a segurança e os bens necessários para uma vida confortável. Movidos por essas paixões intensamente mobilizadoras, os indivíduos deixam-se guiar pelas leis naturais, regras sugeridas pela razão que indicam os procedimentos necessários para sua realização.

As leis naturais são chamadas leis de maneira inadequada, como o próprio Hobbes reconhece, pois não são exatamente ordens, mas preceitos racionais do tipo prudencial que apontam os meios adequados para se alcançar um determinado fim. Elas são produzidas por uma espécie de cálculo da razão que recomenda fazer o que for necessário para a conservação da vida e proíbe ações que contrariem tal propósito.

A primeira lei de natureza é enunciada por Hobbes, no capítulo quatorze do *Leviatã*, em duas partes: "que todo homem deve esforçar-se pela paz, na medida em que tenha esperança de consegui-la, e caso não a consiga pode procurar e usar todas as ajudas e vantagens da guerra" (p.78). A primeira parte prescreve que é preciso buscar a paz, enquanto houver esperança de obtê-la. Essa recomendação está fundada numa evidencia racional, que equipara a paz com a manutenção dos movimentos vitais. Seria absurdo desejar a guerra que coloca em contínuo risco a existência humana, conclui Hobbes. Parece ser mais razoável que cada indivíduo concorde com os demais em pôr fim aos conflitos irresolutos e insolúveis, para assegurar sua própria preservação. A segunda parte preceitua que o direito natural deve ser recuperado, quando a paz não puder ser alcançada, pois seria também irracional não fazer uso dos recursos e vantagens da guerra, quando a vida encontra-se ameaçada.

A segunda lei de natureza, enunciada no mesmo capítulo, é derivada da primeira: "que um homem concorde, quando outros também o façam, e na medida em que tal considere necessário para a paz e para a defesa de si mesmo, em renunciar a seu direito a todas as coisas, contentando-se, em relação aos outros homens, com a mesma liberdade que os outros homens permitem em relação a si mesmo" (p. 79). Ela preceitua que o direito natural de cada um seja limitado, pois só dessa maneira podem ser criadas as condições necessárias para a superação dos conflitos e a instauração da paz.

As duas primeiras leis apontam assim a necessidade

da instituição do corpo político, que põe fim ao estado de guerra e garante a paz, e a maneira como deve ser realizada. As demais leis de natureza prescrevem comportamentos que mantêm a disposição para a paz, como a demonstração de gratidão para quem concede benefício, a moderação, a complacência, e proíbem ações que incitem a guerra, como a vingança, a soberba.

Segundo Hobbes, se as leis naturais são partilhadas por todos, pois todos dispõem da mesma razão, nem sempre são respeitadas por todos. Primeiro, porque as paixões são muitas vezes mais fortes do que esses ditames da razão; depois, porque não há uma autoridade competente para aplicar uma sanção aos que violam suas normas. Obrigando apenas em foro interno, elas não dispõem de uma efetiva coação externa. Daí a necessidade de instituir um poder coercitivo capaz de impor o seu cumprimento e com força suficiente para punir os seus transgressores: o poder soberano.

O pacto

A criação do corpo político é descrita como uma obra conjunta da razão, por meio das leis naturais, e das paixões, em especial o medo da morte violenta. Para Hobbes, elas agem simultaneamente nos indivíduos, conduzindo-os ao consenso generalizado de transferir o direito natural de governar a si mesmos,

O CONCEITO DE SOBERANIA NA FILOSOFIA MODERNA

segundo sua própria vontade e poder natural, a uma terceira pessoa, criada artificialmente por meio de um pacto. Do mesmo modo que o estado de natureza, este ato também deve ser considerado uma hipótese, como demonstra a expressão "como se" que precede sua formulação: "é como se cada homem dissesse a cada homem: cedo e transfiro meu direito de governar--me a mim mesmo a este homem, ou a esta assembleia de homens, com a condição de transferires a ele teu direito, autorizando de maneira semelhante as suas ações" (*Leviatã* L. II, cap. 17, p. 103).

Neste pacto, os indivíduos abrem mão de seu poder natural – cada indivíduo reveza-se no papel de prometedor – em benefício de uma pessoa que está sendo constituída por este ato contratual, para que ela possa ter condições de garantir a ordem pública. Por meio dele, cada um assume o compromisso de renunciar ao uso ilimitado de seu direito natural, desde que os outros também o façam, em favor dessa terceira pessoa. Enfim, os indivíduos comprometem-se reciprocamente a submeter suas vontades à vontade dessa pessoa artificialmente criada, que passa a concentrar o poder de todos os que participaram do pacto.

Contrariando a tradição que apresentava a vida política como decorrente de uma tendência natural do homem de viver em sociedade, Hobbes a concebe como um recurso da razão para superar os conflitos inerentes à condição natural. Se o governo de certas

A SOBERANIA EM THOMAS HOBBES

criaturas, como as abelhas e as formigas, está fundado apenas na concórdia, pois é suficiente o acordo de vontades em direção ao bem comum, entre os homens, a convergência de muitas vontades, dirigindo as ações para o mesmo fim, não basta para conservar o bem comum. Hobbes aponta diversos motivos para isso: os homens estão constantemente em disputa pela honra e pela precedência; dispõem da arte das palavras que é muitas vezes utilizada como instrumento de agressão; entre eles o bem privado difere do bem comum; há uma profunda disparidade de opiniões acerca do governo, cada um julgando-se mais sábio e mais capacitado do que seus semelhantes para governar; etc. Como a vida política não é então natural, mas artificial, é preciso que seja instaurado um poder capaz de manter o laço social e reduzir as convergências de opiniões numa vontade única.

A instituição de tal poder só é possível, segundo Hobbes, quando cada indivíduo submeter sua vontade à desta pessoa artificial, cuja vontade passa a ser considerada como a de todos em geral e a de cada indivíduo em particular. Para isso, cada um deve obrigar-se diante dos demais a não resistir à vontade daquele a quem se sujeitou. Como lembra Hobbes, transferir um direito significa comprometer-se a não pôr obstáculos ao seu beneficiário; e o efeito da transferência do direito natural é a não resistência às ações a quem o direito foi concedido. Quando

O CONCEITO DE SOBERANIA NA FILOSOFIA MODERNA

todos tiverem feito o mesmo, a pessoa a quem todos se submeteram terá um poder capaz de conformar as vontades dos indivíduos, originariamente em desacordo, à sua vontade.

O resultado final é, portanto, que os indivíduos ficam unificados na pessoa criada e ficam alienados de seus direitos naturais. Isto porque o pacto não gera apenas uma simples associação, como as companhias de mercadores ou as confrarias, nem estabelece somente um poder sobre a multidão reunida, pois uma multidão não está vinculada por laços de obrigação e pode a qualquer momento desfazer seus acordos. Ele marca a passagem da multidão para a unidade ordenada do corpo político, ou seja, a multidão torna-se povo. O pacto cria um vínculo de obrigação permanente, um sistema de deveres pelos quais os indivíduos se veem obrigados entre si diante da pessoa criada.

Estado e poder soberano

A pessoa artificialmente criada pelo engenho humano, quando dotada de poder supremo, é chamada de Estado. Hobbes utiliza ainda a figura bíblica do Leviatã, o assustador monstro aquático do livro de Jó[1], para caracterizar esse poder capaz de manter a todos em respeito mútuo. O seu portador, um homem ou uma assembleia de homens, é denominado soberano, e os contratantes são chamados de súditos.

A SOBERANIA EM THOMAS HOBBES

As ações do portador dessa pessoa, o soberano, devem ser necessariamente reconhecidas como as ações dos próprios súditos, segundo Hobbes, já que o soberano representa cada um deles. O soberano fala e age em seu nome e lugar. Tal representação é possível graças à autorização dada que concede ao soberano o direito de praticar ações e proferir palavras em nome dos súditos: "uma pessoa de cujos atos uma grande multidão, mediante pactos recíprocos uns com os outros, foi instituída por cada um como autora, de modo a ela poder usar a força e os recursos de todos, da maneira que considerar conveniente, para assegurar a paz e a defesa comum" (*Leviatã* L. I, cap. 17, p. 106)

Transpondo a ideia de representação do direito privado para o público, Hobbes enfatiza a relação de autorização que legitima a representação política. O soberano aparece como um ator, um ser capaz de agir em nome de outros, e os súditos como os autores dos atos deste ator, uma vez que autorizaram sua ação. A relação que se estabelece entre soberano e súditos não é assim de alteridade, mas de autorização. Todo ato do soberano se justifica por ter sido previamente autorizado e os súditos devem se considerar autores de todas as ações empreendidas pelo soberano. A autorização é assim o princípio que confere legitimidade à representação política.

A definição de autoridade implica também a noção de responsabilidade, pois ao constituir o ator, investindo-o com poder para agir e falar em seu lugar, o autor assume a total responsabilidade pelos atos e palavras do ator, segundo os limites de sua autorização. Por isso, a obediência ao soberano torna-se incondicional. Não seria apenas irracional, mas contraditório desobedecer às determinações do soberano. O fundamento da obediência está no fato de que as ações do soberano devem ser reconhecidas como as ações dos próprios súditos, autorizadas pelo pacto de instituição da sociedade política.

As prerrogativas ou direitos do soberano derivam da maneira como o seu poder foi gerado, ou seja, decorrem da autorização que foi dada. O primeiro direito é que o soberano deve ser objeto de suprema fidelidade, não sendo possível um novo pacto que revogue ou modifique o pacto anterior, ou seja, o pacto original não pode ser anulado sem que seja extinto o próprio corpo político. O segundo é que o soberano está acima do pacto, não tendo qualquer obrigação, porque não participou dele, mas foi o seu resultado. O terceiro é que o soberano deve ser obedecido por todos os membros do corpo político e não apenas pela parte que o instituiu, caso ele tenha sido instituído pela maioria. O quarto direito é que o soberano não pode ser acusado de cometer injustiças, pois o autor de seus atos são os próprios súditos. O quinto é que o soberano não pode ser punido por seus súditos, uma vez que, se isso acontecesse, os súditos estariam castigando a si mesmos.

A SOBERANIA EM THOMAS HOBBES

Todas essas prerrogativas são derivadas da forma como foi realizado o pacto.

Em seguida, são enumerados os direitos outorgados ao soberano, tendo em vista a instauração da paz e segurança de todos: julgar as opiniões e doutrinas que são contrárias à paz; prescrever as regras pelas quais os súditos devem guiar suas ações, ou seja, estabelecer as leis civis; deter a autoridade judicial suprema; fazer a guerra e decretar a paz com outras nações; escolher os magistrados; distribuir recompensas e castigos; atribuir títulos de honra e dignidade aos súditos.

O conjunto desses direitos, já enunciados por Bodin, constitui a essência da soberania. Eles são as marcas pelas quais é possível reconhecer o verdadeiro soberano. Hobbes entende, como Bodin havia salientado, que tais direitos são inalienáveis e indivisíveis. Considera também que a soberania só pode residir num homem, numa assembleia em que alguns participam ou numa assembleia em que todos participam, resultando nas três formas possíveis de governo: monarquia, aristocracia e democracia. Assim como Bodin, Hobbes rejeita a possibilidade de uma quarta forma, mistura dessas três formas de governo, uma vez que a divisão dos direitos da soberania comprometeria a unidade do corpo político.

Contra a possível objeção que a condição dos súditos é extremamente precária diante de um poder que detém direitos tão amplos, Hobbes responde

O CONCEITO DE SOBERANIA NA FILOSOFIA MODERNA

que nada se compara aos horrores e calamidades que acompanham a condição natural da humanidade. Nela, não existe este poder capaz de impedir a guerra de todos contra todos e manter a todos em respeito. Para ser capaz de assegurar a paz e a segurança pública, o soberano deve ter tal poder absoluto, sem qualquer contestação ou oposição.

Com a instituição do Estado, o medo e a busca do interesse próprio permanecem, segundo Hobbes, pois não se pode alterar a natureza humana. Mas como os desejos se configuram na medida em que os homens vislumbram algum benefício, é possível dirigi-los mediante promessas de recompensas e ameaças de punições. A espada do soberano pode dessa forma moldar as paixões dos súditos e fazê-los viver em paz. A sua principal função será então promover a paz pela proliferação do medo, impondo um tipo de comportamento adequado ao convívio social.

Obrigação política e liberdade dos súditos

No interior do Estado, as relações entre os indivíduos deixam de ser reguladas pelo poder natural que cada um dispõe, para tornarem-se relações de direitos e obrigações, ou seja, relações jurídicas, derivadas das palavras expressas no momento do contrato. A obrigação política não será imposta por grilhões ou prisões, mas estará inscrita na própria convenção que originou o corpo político. Ela vai abranger tudo aquilo que os indivíduos autorizaram ao seu representante fazer no sentido de instaurar a paz e a segurança.

No momento da instituição do corpo político, segundo Hobbes, os súditos comprometeram-se a não resistir aos comandos do soberano. Eles ficaram assim obrigados a obedecer aos seus comandos: primeiro, porque assumiram o compromisso de reconhecer como sendo suas as palavras e ações do soberano; depois, porque prometeram obediência antes mesmo de saber o conteúdo dos comandos. Por isso, não há necessidade de qualquer norma que prescreva a obediência às leis estabelecidas pelo soberano.

Toda lei, para Hobbes, é uma ordem dada por quem se dirige a alguém já anteriormente obrigado a obedecer-lhe. Desse modo, seguir o que é prescrito pela lei constitui um dever para quem está sujeito a ela. A obediência não reside, portanto, no conteúdo da lei, mas unicamente por ela ser expressão da vontade de quem pode estabelecê-la: "é a autoridade, não a verdade, que faz a lei" (*Leviatã* L. II, cap. 26, p. 161).

No caso das leis civis, que expressam a vontade do soberano, elas são definidas como cadeias artificiais que os súditos instauram, ao prenderem os próprios ouvidos à boca do soberano. Elas restringem a liberdade natural limitando-a ao espaço compatível com a paz social. Ao estabelecer as regras do justo e do injusto, do que é permitido e do que é proibido fazer na vida em sociedade, elas delimitam a ação dos súditos ao âmbito permitido pelo soberano.

Nesse sentido, a liberdade dos súditos está no silêncio das leis civis, ou seja, naquelas coisas que são permitidas pelo soberano, nas ações em que os súditos não sofrem interferência nem encontram obstáculos por parte das leis.

Hobbes condena veementemente as opiniões sediciosas de seu tempo que pregam a desobediência às leis civis, já que nenhum súdito pode resistir às ordens do soberano. Como em Bodin, toda desobediência é considerada rebelião. Ela é contrária ao compromisso assumido pelos indivíduos no momento do contrato e representa a morte do corpo político, pois implica na sua inevitável desagregação. Hobbes critica também alguns de seus contemporâneos, em especial os republicanos ingleses, que defendiam a liberdade do povo em escolher a forma de governo que considerasse mais adequada e a necessidade de viver num Estado livre para serem verdadeiramente livres. Sustenta que eles confundiam a liberdade política, que só pode pertencer ao Estado, com a liberdade civil determinada pelas leis civis.

Para Hobbes, repetindo o argumento de Bodin, como o soberano detém o poder de fazer e revogar as leis civis, ele não pode estar sujeito às normas que estabeleceu, já que ninguém pode estar obrigado perante si mesmo. Mas a autoridade legislativa não é descrita como arbitrária. Ela deve respeitar a causa de sua instituição, que é a instauração da paz e da segurança pública, permanecendo nos limites das leis de natureza às quais todos estão sujeitos. O soberano deve ordenar somente o que está de acordo com esses preceitos da razão, pois um dos motivos de sua instituição foi dar constrangimento jurídico às leis de natureza, conferindo-lhes a efetividade necessária.

A obrigação política cessa apenas quando o soberano deixa de ser capaz de cumprir o objetivo para o qual foi instituído: a segurança e proteção dos contratantes. Isso inclui não apenas a preservação da vida, segundo Hobbes, mas a possibilidade de alcançar certas comodidades. O soberano precisa assegurar, entre outros benefícios: a defesa contra inimigos externos; a manutenção da paz interna; a possibilidade de enriquecimento pelo trabalho, tanto quanto for compatível com a segurança pública; e a possibilidade de desfrutar de uma liberdade inofensiva, isto é, aquela parte do direito de natureza que é reconhecida e deixada aos súditos pelas leis civis, como a liberdade de escolher o que vestir, onde morar, onde trabalhar etc. Quando não o faz, os súditos podem legitimamente recuperar seu direito natural de utilizar o próprio poder como bem entender para assegurar suas vidas.

Mas a verdadeira liberdade dos súditos para Hobbes está naquelas coisas que eles podem se recusar a fazer, mesmo sendo ordenado pelo soberano, sem cometer injustiça. Para saber quais são essas coisas, é necessário examinar os direitos que não podem ser abandonados ou transferidos num contrato.

Em primeiro lugar, segundo Hobbes, não é possível abandonar o direito de autodefesa. Assim, quando a vida estiver ameaçada direta ou indiretamente, como no caso de prisão, ou de sofrer ferimentos que podem levar à morte, os súditos têm a liberdade de resistir ao soberano. O direito de defender-se a si mesmo não pode ser abandonado por um contrato, pois é impossível admitir que isso traga algum benefício ao contratante. Essa não é uma limitação jurídica da obediência devida, mas um limite de fato da obrigação política, sustentado no direito de autopreservação. Se o súdito, por exemplo, for interrogado relativamente a um crime que cometeu, também não é obrigado a confessá-lo, porque ninguém pode ser obrigado por um contrato a acusar-se a si mesmo.

Outra liberdade que permanece com os súditos, após a instituição do corpo político, é que eles não estão obrigados a matarem-se a si mesmos ou a outrem. Hobbes argumenta que uma coisa é dizer "dou-te o direito de ordenar o que queiras" e outra bem diferente é dizer "farei o que quer que ordenes". A ordem do soberano pode ser tal que o indivíduo prefira morrer a cumpri-la. O súdito pode assim recusar-se a combater o inimigo no campo de batalha, seja por temor natural, seja por ter conseguido um substituto. Em nenhum dos casos comete injustiça, apenas demonstra covardia, comenta Hobbes. Enfim, o súdito tem sempre a liberdade de pegar em armas para defender a vida, mesmo resistindo injustamente ao soberano, pois tanto o inocente quanto o culpado podem fazê-lo.

A permanência da possibilidade de defesa da própria vida não exclui a obrigação contratual. O soberano permanece com o direito de punir o transgressor da lei civil com a prisão ou a morte, de exigir a participação dos súditos na guerra e de proibir a interferência dos súditos diante de uma sentença dada, caso considere que isso seja necessário para a paz e segurança pública. Mas o súdito mantém seu direito inalienável à vida e tem a liberdade de resistir ao soberano, uma vez que este direito de autopreservação não foi transferido no contrato que institui o corpo político.

Sendo artefato construído pelos homens, o corpo político e a soberania têm sua origem nesse cálculo racional que busca estabelecer as melhores condições para alcançar o maior de todos os benefícios: a manutenção da vida.

Nota

1. Ver Jó 40, 25-41.

4. A soberania popular em Jean-Jacques Rousseau

ROUSSEAU UTILIZA A NOÇÃO de contrato social para pensar a instituição do corpo político e o seu caráter soberano. Ele critica seus antecessores por cometerem dois erros fundamentais: ao descrever o estado de natureza, tomaram as características do homem civil e as transportaram para o homem natural; e, ao conceber a fundação do corpo político a partir uma perspectiva empírica, trataram os princípios do direito público pelos fatos. Sem recorrer ao rigor matemático do procedimento dedutivo ou ao método analítico-sintético, que marcaram os grandes tratados políticos do século XVII, Rousseau procura corrigir o primeiro equívoco no *Discurso sobre a origem e os fundamentos da desigualdade entre os homens* (1755) e o segundo, no *Contrato Social* (1762).

Homem natural

O *Discurso sobre a origem e os fundamentos da desigualdade entre os homens* trata da passagem do estado de natureza, condição hipotética de uma vida pré-política, para o estado civil, a partir de uma história conjetural, com o objetivo de encontrar a causa da desigualdade entre os homens.

O estado natural, ponto de partida da investigação, não é apresentado como anterior nem como exterior ao estado civil. Ele não existe e talvez jamais tenha existido. É apenas um lugar teórico, puramente especulativo, a partir do qual Rousseau pretende encontrar as características fundamentais da natureza humana, com o objetivo de resgatar aquilo que foi perdido com a vida em sociedade.

O homem natural, descrito na primeira parte do *Discurso*, vive em plena harmonia com a natureza que lhe supre todas as necessidades. É um ser totalmente independente que não conhece senão a si mesmo. Fechado em sua individualidade, ele ignora os demais. Vive isolado e desconhece laços sociais. O seu contato com os outros é apenas esporádico, casual, desvinculado de qualquer compromisso.

Rousseau identifica neste homem natural apenas dois sentimentos: o amor de si, que é uma espécie de instinto de autopreservação, e a piedade natural (*pitié*), que é a identificação com o sofrimento de seu semelhante. Ele vive assim de forma pacífica, sem paixões que ultrapassam suas necessidades, sem fazer uso da razão, da linguagem ou de outras faculdades que ainda se encontram adormecidas. O seu comportamento está aquém do bem e do mal, sendo despido de qualquer caráter ético: "Parece, a princípio, que os homens nesse estado de natureza, não havendo entre si qualquer espécie de relação moral ou deveres comuns, não poderiam ser nem bons nem maus ou possuir vícios e virtudes" (p.251)

O próprio deste homem natural, aquilo que o distingue dos outros animais, é, de um lado, sua qualidade de agente livre, e de outro, sua capacidade de se aperfeiçoar. A perfectibilidade é apontada por Rousseau como a causa interna responsável pela saída do homem de seu estado natural, ao possibilitar o desenvolvimento das outras faculdades: razão, linguagem, imaginação etc. Ela teria sido impulsionada por uma sucessão de acontecimentos fortuitos que colocaram em risco a sobrevivência da espécie humana.

Para superar os obstáculos à sua conservação, os homens viram-se então obrigados a somar suas forças, unindo-se em associações mais permanentes. Ao fazê-lo, segundo Rousseau, o homem natural começou a comparar-se com os outros, a preferir-se a si mesmo e a desejar que os outros também lhe dessem a preferência. A preocupação com a opinião de seus semelhantes fez com que este homem passasse a viver em função do olhar do outro. O amor de si converteu-se em amor próprio, apagando a ação da piedade natural e reforçando o império da opinião. Este sentimento egoísta confere à estima pública um valor imenso e faz da aprovação a mola propulsora do comportamento humano.

A segunda parte do *Discurso* descreve a sucessão de processos de socialização desse homem já desnaturado que teve seu momento crucial com o estabelecimento da propriedade privada: "o verdadeiro fundador da sociedade civil foi o primeiro que, tendo cercado um terreno, lembrou-se de dizer isto é meu e encontrou pessoas suficientemente simples para acreditá-lo" (p.259).

A propriedade privada é vista como o ato inaugural da sociedade civil. Com sua instituição, segundo Rousseau, surgiu a desigualdade entre os homens, que passaram a se diferenciar entre proprietários e não proprietários, ricos e pobres, senhores e servos, poderosos e fracos. Aquele estado pacífico da condição natural deu então lugar a um estado de guerra, em que conflitos motivados por paixões desenfreadas passaram a ser decididos pela força. Ora, a fim de remediar as incertezas e a insegurança dessa condição belicosa, que colocava em risco a propriedade, surgiu no espírito dos ricos o projeto de formar uma associação civil. Eles convenceram de maneira ardilosa a todos da necessidade da instituição da sociedade civil e do governo. Os proprietários conseguiram, por meio de discursos falaciosos, fazer passar seus interesses particulares por uma utilidade comum e a proteção de seus bens como sendo a verdadeira justiça.

Rousseau denuncia este tipo de sociedade nascida de uma artimanha dos proprietários, fundada sobre a injustiça e destinada a eternizá-la: primeiro,

A SOBERANIA POPULAR EM JEAN-JACQUES ROUSSEAU

porque coloca a força comum a serviço dos interesses dos ricos que desejam ter suas propriedades protegidas; depois, porque faz dos adversários dos ricos, os pobres que são mais numerosos, os seus defensores; e, finalmente, porque dá aos pobres máximas contrárias aos seus interesses, convencendo-os, por exemplo, de que a propriedade é algo sagrado, que não pode ser violada. Sua crítica dirige-se às instituições sociais que criaram a desigualdade entre os homens, consagrando a servidão e a dependência.

Para Rousseau, a desigualdade entre os homens não foi produzida pela natureza, mas por uma convenção que sancionou a propriedade privada e introduziu a dependência nas relações sociais. Essa desigualdade tem sido desde então mascarada pela lei que instaura uma falsa ordem, fundada na opressão, escondendo o antagonismo e a dependência. É preciso, portanto, construir uma nova forma de associação que assegure o interesse comum e mantenha a liberdade e a igualdade entre os homens.

A sociedade política legítima

No *Contrato Social*, a preocupação de Rousseau não é tanto entender a passagem do estado de natureza para o estado civil, mas determinar as condições de sua legitimidade: "Quero indagar se pode existir, na ordem civil, alguma regra de administração legítima e segura, tomando os homens como são e as leis como podem ser" (L. I, p. 21).

As justificativas de seus antecessores para a submissão política são consideradas inadequadas, pois não geram um legítimo direito de mando e dever de obediência. O fundamento da obrigação política não pode estar para Rousseau na ordem natural, pois a natureza não estabelece relações de dependência entre os homens, nem pode estar na força, reflexo de uma situação de fato que não produz direito, pois obedecer pela força não constitui um dever e o dever é uma obrigação moral que se estabelece por si mesma. Assim, segundo Rousseau, restam apenas as convenções e, entre elas, a que é anterior a todas as outras, aquela que origina a sociedade política e a torna inteligível: o contrato social. É na natureza deste ato que é preciso buscar o fundamento da associação política, pois o contrato social é a regra pela qual ela pode ser pensada, o princípio que torna inteligível a emergência da condição política: "conviria examinar o ato pelo qual um povo é povo, pois este ato, sendo necessariamente anterior ao outro, constitui o verdadeiro fundamento da sociedade" (L. I, cap. 5, p. 31).

Rousseau denuncia o erro de seus antecessores. Ao tentar compreender a sociedade política apenas tal como ela é, eles deixaram de mostrar o que a torna inteligível tal como ela poderia ou deveria ser. Eles haviam confundido o ponto de vista do ser, que conduz a uma pesquisa empírica, com a perspectiva do dever ser, que remete a uma investigação sobre os princípios. Longe de ser apenas o acontecimento que marca o surgimento da vida civil, o contrato se caracteriza pela idealidade que faz dele a norma fundadora de legitimidade do direito político. Somente a interrogação sobre os princípios do direito político, que aliás é o subtítulo do *Contrato Social*, permite a compreensão das razões de direito que fundam a soberania do corpo político.

Para descrever este ato atemporal que transcende os fatos, pelo qual se institui uma sociedade política legítima, Rousseau utiliza o mesmo método evolutivo conjetural do *Discurso*. Para ele, no momento em que supostamente as forças individuais não conseguem mais superar os obstáculos que as forças naturais impõem, os indivíduos constatam a necessidade de somar sua forças e contratam uma nova maneira de viver, unindo-se aos seus semelhantes numa forma de associação capaz de defender a todos com a força comum. Assim, a fim de assegurar sua sobrevivência, os indivíduos apelam ao seu engenho e pela arte instituem a sociedade política.

Mas o artifício contratual que põe fim à independência natural dos indivíduos deve assegurar que cada associado só obedeça a si mesmo e permaneça tão livre quanto antes. Trata-se de "encontrar uma forma de associação que defenda e proteja a pessoa e os bens de cada associado com toda força comum, e pela qual cada um, unindo-se a todos, só obedece contudo a si mesmo, permanecendo tão livre quanto antes" (L. I, cap. 6, p. 32).

O contrato social deve ter como condição de validade a garantia da liberdade, qualidade distintiva do ser humano. Essa exigência conduz à cláusula fundamental do contrato à qual todas as demais se reduzem: a alienação total, ou seja, a manifestação consciente de cada associado de ceder completamente todos os seus direitos em favor da comunidade. A partir da alienação total cada associado torna-se parte integrante e indivisível da pessoa pública que é constituída. Como esta condição é igual para todos, numa reciprocidade de doação sem restrições e sem reservas, o resultado é uma união tão perfeita que cada um ganha exatamente o que cedeu, pois se dando a todos não se dá a ninguém e submetendo-se aos mesmos preceitos não se submete a ninguém, senão a si mesmo. Com isso, os associados recuperam o que havia perdido, conservando sua liberdade: "cada um dando-se a todos não se dá a ninguém e, não existindo um associado sobre o qual não se adquira o mesmo direito que se lhe cede sobre si mesmo, ganha-se o equivalente de tudo o que se perde, e maior força para conservar o que se tem" (L. I, cap. 6, p. 33).

O contrato social é descrito como um ato voluntário por meio do qual os indivíduos se engajam livremente, anulando-se como particulares, para dar lugar a um novo ser coletivo, que não é um mero agregado de forças, mas uma pessoa artificialmente constituída e ontologicamente distinta daqueles que contribuíram para sua formação. O resultado de tal associação, alcançada pela alienação total, é o surgimento de uma vontade própria do corpo político: a vontade geral.

Rousseau sublinha a diferença entre agregação e associação. Agregação é um fenômeno de adição de forças individuais, cujo resultado só pode ser uma reunião de vontades singulares e distintas sem nada em comum. Se o corpo político fosse formado a partir dessa mera reunião de vontades, ele poderia ficar paralisado, já que as vontades individuais muitas vezes se opõem, ou poderia ser guiado por uma vontade particular, que nem sempre busca o interesse comum. Já associação é a união de vontades particulares num corpo coletivo cujo objetivo é sempre o bem do todo. Com a alienação total, as vontades particulares convergem naquilo que é comum e se encontram integradas num conjunto que as absorve, de tal modo que o resultado é a vontade comum dos indivíduos: a vontade geral.

A vontade geral não é assim uma pluralidade de vontades particulares nem a somatória de vontades individuais, mas a vontade do todo ou da totalidade, pois representa o que há de comum entre todas as vontades particulares enquanto dirigidas ao interesse comum. Ela engloba a vontade dos membros do corpo político e exprime o que há de universalizável nas vontades particulares. Por isso, é sempre reta e tende à utilidade comum, na medida em que parte de todos e visa a todos na promoção do bem comum. Em síntese, ela é geral em sua origem, porque implica na vontade comum daqueles que formam o corpo político; em sua natureza, porque exprime a unidade desse corpo; e em sua finalidade, porque visa o interesse comum.

Rousseau adverte que não se deve entender que, na vontade geral do corpo coletivo, as vontades particulares sejam sacrificadas ou aniquiladas. Os indivíduos mantêm seus interesses, mas passam a ser guiados pela vontade geral. Ao segui-la naquelas coisas que dizem respeito ao interesse comum, os indivíduos estão obedecendo a si mesmos e realizando a própria vontade, uma vez que a vontade geral representa os interesses que cada um tem em comum com os demais.

Na terminologia de Rousseau, o corpo político formado desta maneira será chamado por seus membros de Estado, quando passivo, soberano, quando ativo e potência, nas relações com os demais corpos políticos. Os associados, por sua vez, recebem o nome de povo e serão denominados cidadãos, quando participarem da autoridade soberana, e súditos, quando estiverem submetidos às leis civis.

Soberania e soberano

Rousseau não se interroga tanto sobre o que é a soberania, como Bodin, nem sobre o que faz dela o poder do Estado, como Hobbes, mas principalmente sobre o que a torna legítima, válida e segura. A sua legitimidade reside no fato dela ser o poder coletivo dirigido pela vontade geral. Neste sentido, só o povo pode ser soberano, pois apenas nele reside esta vontade pública. Ele é o único habilitado a dirigir a força desse corpo coletivo segundo a finalidade de sua instituição: "o soberano, sendo formado tão só pelos particulares que o compõem, não visa nem pode visar a interesse contrário ao deles e, consequentemente, o poder soberano não necessita de qualquer garantia em face de seus súditos, por ser impossível ao corpo desejar prejudicar a todos os seus membros" (L. I, cap. 7, p. 35).

Os termos soberania e soberano dificilmente se distinguem no texto de Rousseau. Ambos referem-se ao corpo político, nascido do contrato social, enquanto é ativo, assim como aos seus associados enquanto participantes ativos das ações deste corpo. É possível por isso dizer que a soberania pertence ao corpo político ou que o povo é soberano.

Como nenhuma vontade pode ser transmitida ou alienada, a autoridade soberana é inalienável para Rousseau. Ela só pode se efetivar de maneira direta e imediata, o que exclui qualquer forma de representação. Assim o soberano, que é o povo, só pode ser representado por si mesmo. A sua ação será certamente mediada por instituições políticas, mas jamais por meio de representantes. Representar a vontade, segundo Rousseau, é querer no lugar do outro, que só é possível com a substituição de uma vontade por outra: "a soberania não pode ser representada pela mesma razão que não pode ser alienada; ela consiste essencialmente na vontade geral e a vontade não se representa; ela é a mesma ou é outra; não há meio termo" (L. III, cap. 15, p. 107).

A vontade geral não pode ser também desmembrada, já que ela integra as vontades particulares numa vontade una. Não é possível dividi-la, segundo Rousseau, sem destruí-la. Ela ou é geral e dirige a força comum na direção do bem público; ou é particular e busca o interesse privado. Se pode se expressar em diversos atos, que são aplicações específicas de seus atributos, ela é sempre una em sua natureza. Por isso, a soberania é indivisível.

Além de inalienável e indivisível, a soberania também detém um poder absoluto, uma vez que os indivíduos alienaram totalmente seu poder em favor do corpo político: "assim como a natureza dá a cada homem poder absoluto sobre seus membros, o pacto social dá ao corpo político um poder absoluto sobre todos os seus, e é esse mesmo poder que, dirigido pela vontade geral, ganha, como já disse, o nome de soberania" (L. II, cap. 4, p. 48).

Segundo Rousseau, a autoridade soberana do corpo político não pode ser modificada, dando-se a si mesmo um superior ou obrigando-se a obedecer a outrem, o que implicaria no rompimento do

A SOBERANIA POPULAR EM JEAN-JACQUES ROUSSEAU

contrato e consequente aniquilamento do corpo político. Os únicos limites da soberania são inerentes à sua própria constituição que visa à segurança e liberdade dos associados.

O principal atributo da soberania, para Rousseau, é a atividade legisladora, como já havia sido apontado por Bodin. A vontade soberana manifesta-se no ato de legislar. Ele é a ocasião propicia para a explicitação e a reavaliação das convicções dos membros do corpo político, pois permite o debate e a deliberação em torno do que é justo e do que é favorável ao bem comum. Assim, produto de uma decisão conjunta, a lei não será uma regra arbitrária que exprime uma vontade particular, mas a expressão da vontade geral que reflete o interesse comum.

Por ser a declaração da vontade geral, a lei anima o corpo político, dando-lhe movimento e direção. Não visa nem exprime interesses particulares. A sua generalidade é formal, por emanar de uma vontade que é sempre universal, e material, no sentido de não ter outra finalidade senão o bem comum: "Quando digo que o objeto das leis é sempre geral, por isso entendo que a lei considera os súditos como corpo e as ações como abstratas, e jamais um homem como um indivíduo ou uma ação particular" (L. II, cap. 6, p. 54).

Além de ser consentida, a lei deve também ser equitativa, ou seja, produzir uma utilidade comum que não sacrifique o interesse de uns em benefício de outros. Ela tem como objetivo fixar os direitos

113

dos membros do corpo político, de modo a assegurar o equilíbrio entre suas diferentes partes. É preciso que a matéria sobre a qual ela trata seja assim tão geral quanto a vontade que a estatui. Se sua utilidade não for a mesma para todos, argumenta Rousseau, ela perde sua legitimidade. Emanada de todos, deve valer para todos: sua origem e finalidade se encontram na realização da vontade geral.

Ao diferenciar a vontade particular da vontade geral, o bem privado do bem público, a lei fornece, segundo Rousseau, um critério para reconhecer as ações legítimas, pois estabelece as ações que são permitidas e proibidas para todos os membros do corpo político independentemente dos interesses particulares. Ela estabelece um sistema de reciprocidade entre direitos e obrigações, sendo a melhor indicação do que é conforme ao interesse comum: "O pacto social estabelece entre os cidadãos uma tal igualdade, que eles se comprometem todos nas mesmas condições e devem gozar dos mesmos direitos. Igualmente, devido à natureza do pacto, todo ato de soberania, isto é, todo ato autêntico da vontade geral, obriga ou favorece igualmente todos os cidadãos, de modo que o soberano conhece unicamente o corpo da nação e não distingue nenhum dos que a compõem" (L. II, cap. 4, p. 50).

Para Rousseau, somente a lei pode instaurar a verdadeira liberdade, porque significa a superação e eliminação de toda e qualquer arbitrariedade. Ao dar seu livre consentimento a algo que está acima de suas vontades particulares, compreendendo e assimilando o significado da vontade geral, os cidadãos absorvem-na na própria vontade e fazem dela a sua regra de conduta: "as leis não são mais do que as condições da associação civil. O povo, submetido às leis, deve ser o seu autor. Só àqueles que se associam cabe regulamentar as condições da sociedade" (L. II, cap. 6, p. 55).

Os membros do corpo político encontram-se realmente unidos, segundo Rousseau, quando se obrigam uns aos outros, quando têm consciência do dever de obedecer à regra que deram a si mesmos. Ao submeter-se a esta lei, eles dependem apenas da vontade do corpo do qual fazem parte, mantendo-se livres, pois suas condutas não são afetadas nem estão expostas a uma vontade particular. A submissão à lei longe de ser uma renúncia à liberdade, é a sua garantia. A liberdade civil é considerada o efeito de uma ordem jurídica graças a qual cada um tem assegurado o direito de fazer tudo o que as leis permitem, porque os outros têm, além do mesmo direito reconhecido como legítimo, o dever de não por obstáculos à realização das ações autorizadas pela lei. Só assim os cidadãos são livres, pois têm consciência da aprovação e autorização dadas pela vontade geral e sabem que toda resistência será reprimida ou punida pela força do corpo político. A liberdade consiste menos em manter os outros fora de nossa esfera de ação do que em criar neles um dever de não impedir as ações que a lei nos dá o direito de executar.

O fundamento da liberdade está assim no consentimento a uma ordem política legítima a qual os cidadãos estão submetidos. Mas as condições de legitimidade não são apenas jurídicas. Elas devem ser também sociais. Seria inútil, argumenta Rousseau, conferir direitos iguais a cidadãos que são muito desiguais materialmente: "quanto à igualdade, não se deve entender por essa palavra que sejam absolutamente os mesmos os graus de poder e de riqueza, mas, quanto ao poder, que esteja distanciado de qualquer violência e nunca se exerça senão em virtude do posto e das leis e, quanto à riqueza, que nenhum cidadão seja suficientemente opulento para poder comprar um outro e não haja nenhum tão pobre que se veja constrangido a vender-se" (L. II, cap. 11, p. 66).

Se a vontade geral nunca erra e o povo quer sempre o bem comum, ocorre que o povo nem sempre o vê, de acordo com Rousseau, por uma certa insuficiência de entendimento. Daí a necessidade do Legislador, a quem será confiada a tarefa de formular as leis. Cabe a ele adaptar os princípios gerais à situação singular de cada povo, enunciar os padrões convencionados de comportamento mais adequados e esclarecer as decisões do soberano. Ele não detém o poder legislativo que é uma prerrogativa inalienável do soberano, nem pode empregar a força que é um instrumento do governo. Seu ofício é apenas materializar na forma de leis a vontade geral e persuadir o povo a sancioná-las.

Soberano e Governo

Se o poder legislativo não pode ser representado, pois pertence exclusivamente ao soberano, o poder executivo cabe ao governante, um agente instituído pelo soberano para executar as determinações da vontade geral. O governo é definido por Rousseau como um corpo intermediário entre o soberano e o Estado. A sua tarefa é operar a comunicação entre eles, estabelecendo uma mediação entre a generalidade dos atos legislativos dos cidadãos e a particularidade dos comportamentos dos súditos. Para isso, ele reúne a força pública e a coloca em ação, na forma da lei, segundo as prescrições do soberano. O seu encargo é dessa forma garantir que as leis estatuídas sejam cumpridas por todos, assegurando as decisões do soberano: "Chamo pois de república todo Estado regido por leis, sob qualquer forma de administração que possa conhecer, pois só nesse caso impera o interesse público e a coisa pública passa a ser qualquer coisa. Todo o governo legítimo é republicano" (L. II, cap. 6, p. 55).

Os membros do governo são chamados de magistrados ou reis e são considerados ministros do soberano. Como funcionários do povo, encarregados da administração da República, eles podem ser retirados pelo soberano quando este bem entender. O número dos membros que compõem o governo determina a sua forma. Se o soberano confiar a administração da República a todo povo ou à maior parte dele, a forma de governo é denominada democrática; se confiar a um pequeno número, aristocrática; e se confiar a uma só pessoa, monárquica. Mas como essas formas simples não são encontradas na prática, Rousseau admite suas combinações numa enorme quantidade de formas mistas.

Todas as formas de governo são consideradas convenientes em si mesmas se forem legítimas, isto é, estabelecidas e subordinadas ao soberano. Nenhuma forma de governo é julgada boa em si, mas é estimada melhor ou pior, de acordo com sua adequação às características particulares de cada povo: "Isso mostra não haver uma constituição de governo única e absoluta, mas que podem existir tantos governos diferentes pela natureza quantos Estados diferentes pelo tamanho" (L. III, cap. 1, p. 77).

Para Rousseau, o governo não é instituído por um contrato ou um pacto, como afirmavam seus antecessores, mas por uma lei ditada pelo soberano, que estabelece também a forma que ele vai assumir. Não provém de um acordo no qual o povo assume determinadas obrigações, mas de uma determinação do soberano que onera um agente com um cargo a ser exercido dentro da lei.

O governo é considerado um instrumento relevante, pois confere efetividade concreta, pela ação dos magistrados, às decisões do soberano. Sem ele, o povo seria ao mesmo tempo soberano e magistrado, confundindo-se os atos legislativo e executivo, ou seja, a lei e sua aplicação. Há, para Rousseau, uma diferença essencial entre prescrever de modo geral e a tarefa particular de exigir de cada um o cumprimento da prescrição. Legislação e administração são duas funções diferentes que devem ser exercidas por agentes distintos. O detentor do poder legislativo vê os membros do corpo político como um todo e prescreve regras gerais para todos. Já o detentor do poder executivo se ocupa da aplicação da lei aos casos particulares.

Como Montesquieu já havia sublinhado, Rousseau considera que não é adequado o mesmo agente fazer e executar as leis. Primeiro porque não se deve desviar a atenção das coisas gerais para as particulares. Depois, o acúmulo das duas funções pode levar a várias formas de corrupção, como a influência dos interesses particulares nos negócios públicos. Finalmente, a separação entre o legislativo e o executivo garante os cidadãos contra possíveis arbitrariedades, uma vez que a lei evita qualquer abuso por parte dos magistrados.

Mas Rousseau não apresenta uma teoria constitucional na qual um poder impede o excesso de outro poder por meio de um equilíbrio ou exercício distinto de competências. Os perigos do despotismo, quando o soberano deseja governar ou os governantes querem legislar, e da anarquia, quando os súditos não obedecem às leis, são combatidos pela boa proporção

O CONCEITO DE SOBERANIA NA FILOSOFIA MODERNA

entre os poderes legislativo e executivo. Recorrendo à proporção matemática, Rousseau enuncia que o soberano deve estar para o governo, assim como o governo deve estar para o Estado. A mediação que opera o governo é de ligação entre o soberano e o Estado, de tal modo que seja garantida a obediência às leis por parte dos súditos e a autoridade dos cidadãos sobre o governo: "o governo recebe do soberano as ordens que dá ao povo e, para que o Estado permaneça em bom equilíbrio, é preciso que, tudo compensado, haja igualdade entre o produto ou o poder do governo, tomado em si mesmo, e o produto ou a potência dos cidadãos, que de um lado são soberanos e de outro, súditos" (L. III, cap. 1, p. 75).

Mesmo com todas as precauções, a degeneração do corpo político é inevitável. O principal risco de degeneração está relacionado justamente ao elemento encarregado de seu funcionamento: o governo. Quando este órgão responsável pela execução da lei, deixa de observar a vontade do soberano e usa a força pública para impor a sua própria vontade, não há mais vontade geral e a lei torna-se a máscara pela qual o interesse particular é revestido de interesse comum. Isto é possível porque o governo é um corpo particular com determinados interesses que nem sempre coincidem com os interesses públicos. Quando isto acontece, o governo usurpa a soberania, substituindo a declaração da vontade geral pela sua vontade particular. Ao fazê-lo, põe fim à liberdade, uma vez que os cidadãos passam a depender de sua vontade. A legitimidade dá então lugar a simples relações de força. Esse perigo vem da relativa autonomia dos governantes em relação ao soberano. Enquanto eles agem permanentemente, o soberano exerce uma função intermitente, pois se é necessário fazer cumprir as leis continuamente, não é preciso fazer leis constantemente.

Como é da natureza dos governantes tentar usurpar o lugar do soberano, fazendo-se árbitro da lei em vez de seu ministro, Rousseau adverte que eles devem ser cuidadosamente controlados. O melhor remédio para que os magistrados não violem a lei é uma soberania ativa e vigilante, por meio de assembleias contínuas: "não tendo outra força além do poder legislativo, o soberano só age por meio de leis; e, não sendo estas mais que atos autênticos da vontade geral, o soberano só pode agir quando o povo se encontra reunido em assembleia" (L. III, cap. 12, p. 103).

É pela participação ativa nas assembleias populares que os cidadãos asseguram sua autoridade soberana e, consequentemente, sua liberdade. Rousseau reconhece que a intervenção do povo na cena pública, mesmo que de maneira excepcional, pode ocasionar desordens. Mas ela é considerada a única maneira de elaborar e expressar a vontade geral, condição indispensável para a manutenção da liberdade.

Conclusão

A PARTIR DA ASSINATURA DO TRATADO que pôs fim à Guerra dos Trinta Anos, denominado Paz de Westfália (1648), o conceito de soberania tornou-se o conceito definidor do Estado e um dos principais pilares das relações internacionais. Ao admitir um mundo composto por Estados soberanos, que não reconheciam autoridade superior, responsáveis exclusivos pela legislação, pela solução de disputas e pela aplicação da lei no interior de seus territórios, esse tratado consagrou a noção da não intervenção em assuntos internos e delimitou o Direito Internacional ao estabelecimento de regras mínimas de coexistência entre as nações. Os mesmos princípios foram mantidos na Carta da Organização das Nações Unidas (ONU), de 1945, que declarou a igual soberania dos Estados nacionais.

No entanto, como foi ressaltado na Introdução, o conceito de soberania tem sido bastante questionado nas últimas décadas. Entre as dificuldades já apontadas de sua utilização no debate contemporâneo, destaca-se a consolidação de um Direito Internacional cada vez mais amplo, com normas situadas acima dos ordenamentos nacionais. O resultado inevitável tem sido a submissão dos Estados às decisões dos organismos internacionais dos quais participam.

Mas a existência de uma ordem jurídica internacional não parece incompatível, em princípio, com a noção de soberania. Se a sujeição ao Direito Internacional tem seu fundamento na livre determinação dos Estados, ela não pode ser considerada uma diminuição de sua soberania, pois as limitações e obrigações foram assumidas voluntariamente pelos próprios Estados de acordo com seus interesses.

O problema está quando a ordem jurídica internacional supõe que determinados princípios sejam obrigatórios para todos os Estados, até mesmo para os que não aderiram a tal ordem. Por exemplo, um Estado que não cumprir com as regras estabelecidas pela ONU, mesmo que não seja um de seus membros, pode ficar sujeito às mesmas sanções de seus participantes.

Outro problema são as frequentes intervenções da comunidade internacional. Algumas têm sido justificadas pela incapacidade de determinados Estados em cumprir com suas funções internas, em especial a proteção da vida dos cidadãos, ou com seus compromissos externos, principalmente o combate ao terrorismo. Outras intervenções têm sido fundamentadas no pacto sancionado pela ONU, em 2005, que prevê a responsabilidade não apenas dos Estados, mas também da comunidade internacional

CONCLUSÃO

na proteção da pessoa humana. Tal pacto, chamado Responsabilidade de Proteger, permite a intervenção, até mesmo militar, a fim de evitar tragédias humanitárias, como genocídios, crimes de guerra ou até mesmo em casos de catástrofe natural.

Com essa crescente intervenção da comunidade internacional, a soberania dos Estados nacionais não passou a ser necessariamente contingente, interdependente e limitada? Haveria ainda sentido em utilizar o conceito de soberania para falar da sociedade política organizada?

Por outro lado, os Estados nacionais ou uma comunidade de Estados nacionais, como a União Europeia, continuam com o monopólio da mobilidade, ou seja, nenhuma pessoa pode cruzar a fronteira de seus territórios sem atender aos critérios por eles estabelecidos. Não existe organização internacional que obrigue um Estado a aceitar alguém em seu território, mesmo no caso de refugiados ou exilados políticos. A decisão de quem pode entrar ou residir dentro de suas fronteiras continua a ser exclusivamente da autoridade estatal.

Além do monopólio sobre a mobilidade, os Estados também mantêm o controle sobre a nacionalidade, condição para que os indivíduos tenham acesso aos direitos de cidadania. Somente os Estados podem definir quais são esses direitos e a forma de ter acesso a eles. Como então podemos dizer que os Estados nacionais não são mais soberanos?

O debate em torno da relevância da noção de soberania na contemporaneidade poderia ser mais profícuo se os seus interlocutores tratassem com mais clareza a distinção entre a face interna e a face externa da soberania.

No que se refere ao âmbito externo, como já ressaltava Bodin, os Estados realizam tratados e alianças que restringem inevitavelmente sua capacidade de decisão às cláusulas desses acordos. Além disso, eles estão inseridos numa ordem jurídica internacional que regula suas relações e à qual devem estar submetidos. Nesse âmbito, soberania não pode ser entendida como total independência, mas apenas como a livre determinação dos membros da comunidade internacional. Os Estados nacionais não se encontram naquela condição que Hobbes considerava, na sua época, análoga à condição dos indivíduos no estado de natureza, ou seja, seres totalmente livres e independentes que vivem em constante confronto numa permanente atitude de guerra. A guerra e a paz deixaram de ser o princípio básico das relações internacionais. Como a tendência é aumentar a integração entre os Estados, principalmente econômica, os tratados tendem a ser cada vez mais numerosos e o Direito Internacional cada vez mais amplo.

Do ponto de vista interno, os Estados ainda permanecem como agentes determinantes da vida política em seus territórios. O estabelecimento de políticas de segurança pública, de proteção social, de

CONCLUSÃO

migração, de emprego etc. continua dependendo da autoridade estatal. Neste sentido, parece conveniente recorrer à noção de soberania para discutir a fonte dessa autoridade, a extensão de suas prerrogativas e de suas competências, a sua finalidade etc.

O conceito de soberania é, sem dúvida, datado. Ele surgiu no início da modernidade para descrever uma forma especifica de organização do poder – o poder estatal e nacional – e deixará de ser relevante para caracterizar a sociedade política organizada a partir de um determinado momento histórico, como já aconteceu com outros conceitos, na história do pensamento político. Mas ainda parece precoce descartá-lo totalmente ou decretar definitivamente sua morte.

Referências bibliográficas

Introdução

BEEN, S. The uses of "sovereignty". *In: Political Philosophy (ed. Anthony Quinton)*. Oxford: Oxford University Press, 1967

CAMILLERI, J. *The end of sovereignty? The politics of a shrinking and fragmenting world*. Aldershot: Edward Elgar, 1992

HELD, D. Sovereignty, National Politics and the Global System. *In: Political Theory and the Modern State*. Stanford: Stanford University Press, p.214-239, 1989.

RESS, W. The theory of sovereignty restated. *In: Philosophy, Politics and Societe*. Oxford: Basil Blackwell, 1967

WEBER, C. *Simulating sovereignty: intervention, the State and symbolic exchange*. London: Cambridge University Press, 1955

Capítulo 1

CALASSO, F. *I glossatori e la teoria della sovranità: studi di diritto comune pubblico*. Milano: Dott A. Giuffrè, 1951

DANTE ALIGHIERI. *Monarquia*. São Paulo: Parma, 1983

O CONCEITO DE SOBERANIA NA FILOSOFIA MODERNA

DAVID, Marcel. *La souveraineté et les limites juridiques du pouvoir monarchique du IXe. au XVe. siècle.* Paris: Dalloz, 1954

EGÍDIO ROMANO. *Sobre o poder eclesiástico.* Petrópolis: Vozes, 1990.

GAUDEMET, J. La souveraineté au moyen-age. *In: Revue d'histoire du droit.* T. XXII, p. 460-468, 1945

GIERKE, Otto *Political theories of the Middle Age.* Cambridge: Cambridge University Press, 1951.

KRISTSCH, R. Soberania: a construção de um conceito. São Paulo: Humanitas/Impresa Oficial, 2002.

MARSÍLIO DE PÁDUA *O Defensor da Paz.* Rio de Janeiro: Vozes, 1997

OCKHAM, G. *Brevilóquio sobre o Principado Tirânico.* Petrópolis: Vozes, 1988

QUIDORT, J. *Sobre o poder régio e papal.* Petrópolis: Vozes, 1990

ULLMANN, W. The development of the medieval idea of sovereignty. *In: English historical review,* n.61, p. 1-34, 1949.
_____. *Medieval Political Thought.* Harmondsworth: Penguin, 1968

WILKS, M. *The problem of sovereignty in the later middle age.* London: Cambridge, p. 151-229, 1963

Capítulo 2

BARROS, A. *A Teoria da Soberania de Jean Bodin.* São Paulo: UNIMARCO Editora/ FAPESP, 2001.
_____. *Direito Natural e Propriedade em Jean Bodin.* In: Trans/Form/Ação, v.29, p.31 - 43, 2006.

132

REFERÊNCIAS BIBLIOGRÁFICAS

Barros, A. O conceito de soberania no Methodus de Jean Bodin. In: Revista Discurso, n.27, p.139-156, 1996

Bodin, J. *Les Six Livres de la République*. 6 vols. Paris: Fayard, 1986.

_____. *Methodus ad facilem historiarum cognitionem* (*Méthode pour la connaissance facile de l'histoire*. Trad. de Pierre Mesnard). In: *Oeuvres Philosophiques de Jean Bodin*. Paris: PUF, 1951, p. 99 A - 271 B; trad. p. 273 A - 473 B.

Couzinet, M-D. Histoire et Méthode a la Renaissance. Paris : Vrin, 1996.

Franklin, J. *Jean Bodin and the rise of absolutist theory*. Cambridge: University Press, 1973

Goyard-Fabre, S. *Jean Bodin et le droit de la République*. Paris, PUF, 1989

Quaglioni, D. *I limiti della sovranità: il pensiero di Jean Bodin nella cultura politica e giuridica dell'età moderna*. Padova: CEDAM, 1992.

Capítulo 3

Bobbio, N. *Thomas Hobbes*. Rio de Janeiro: Campus, 1991

_____. *Sociedade e Estado na filosofia política moderna*. São Paulo: Brasiliense, 1986.

Hobbes, T. *Leviatã*. Sao Paulo: Abril (Os pensadores), 1983.

_____. *Do Cidadão*. São Paulo: Martins Fontes, 1992.

Hobbes, T. *Elementos do Direito Natural e Político*. Porto: ResEditora, 1998.

LIMONGI, M. I. *Hobbes*. Rio de Janeiro: Zahar, 2002.

POGREBINSCHI, T. *O problema da obediência em Thomas Hobbes*. Bauru: EDUSC, 2003.

RIBEIRO, R. J. *Ao leitor sem medo*. São Paulo: Brasiliense, 1984.

SKINNER, Q. *Razão e Retórica na Filosofia de Hobbes*. São Paulo: Unesp, 1997

TUCK, R. *Hobbes*. São Paulo: Loyola, 2001.

Capítulo 4

CASSIRER, E. *A questão Jean-Jacques Rousseau*. São Paulo: UNESP, 1999.

FORTES, L. R. S. *Rousseau: da teoria à prática*. São Paulo: Ed. Ática, 1976

_____. *Rousseau: o bom selvagem*. São Paulo: FTD, 1989.

_____. *Paradoxo do Espetáculo: política e poética em Rousseau*. São Paulo: Discurso Editorial, 1997.

MACHADO, L. G. *Homem e sociedade na teoria política de Jean-Jacques Rousseau*. São Paulo: Martins Fontes, 1968.

MATOS, O. C. F. *Rousseau: uma arqueologia da desigualdade*. São Paulo: MG Editores, 1978.

ROUSSEAU, J-J. *Do contrato social*. São Paulo: Abril (Os pensadores), 1983

_____. *Discurso sobre a origem e os fundamentos da desigualdade entre os homens*. São Paulo: Abril (Os pensadores), 1983.

STAROBINSKI, J. *Jean-Jacques Rousseau: a transparência e o obstáculo*. São Paulo: Companhia das Letras, 1996.

Fontes Sabon e Univers
Papel
Impressão